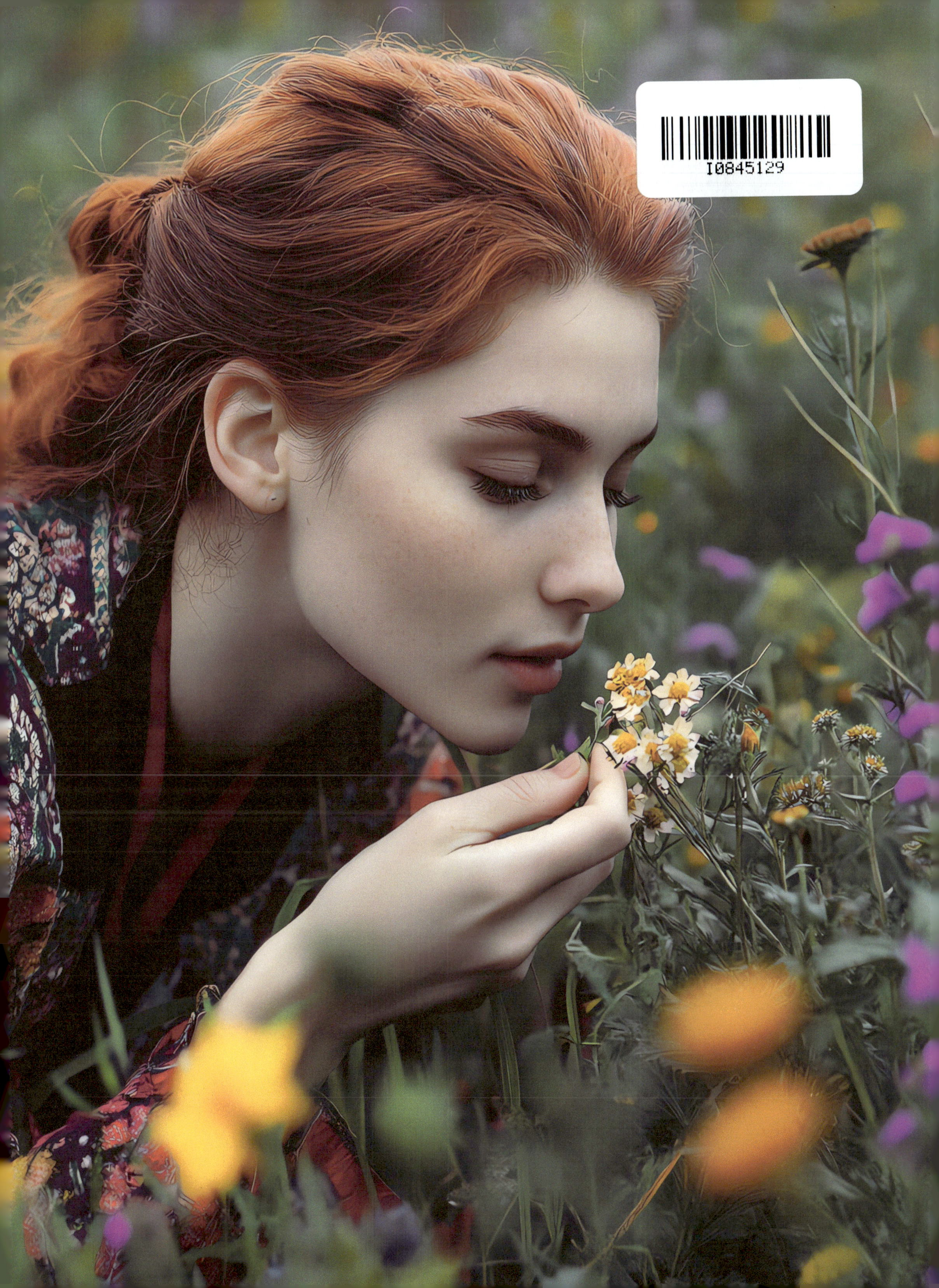
I0845129

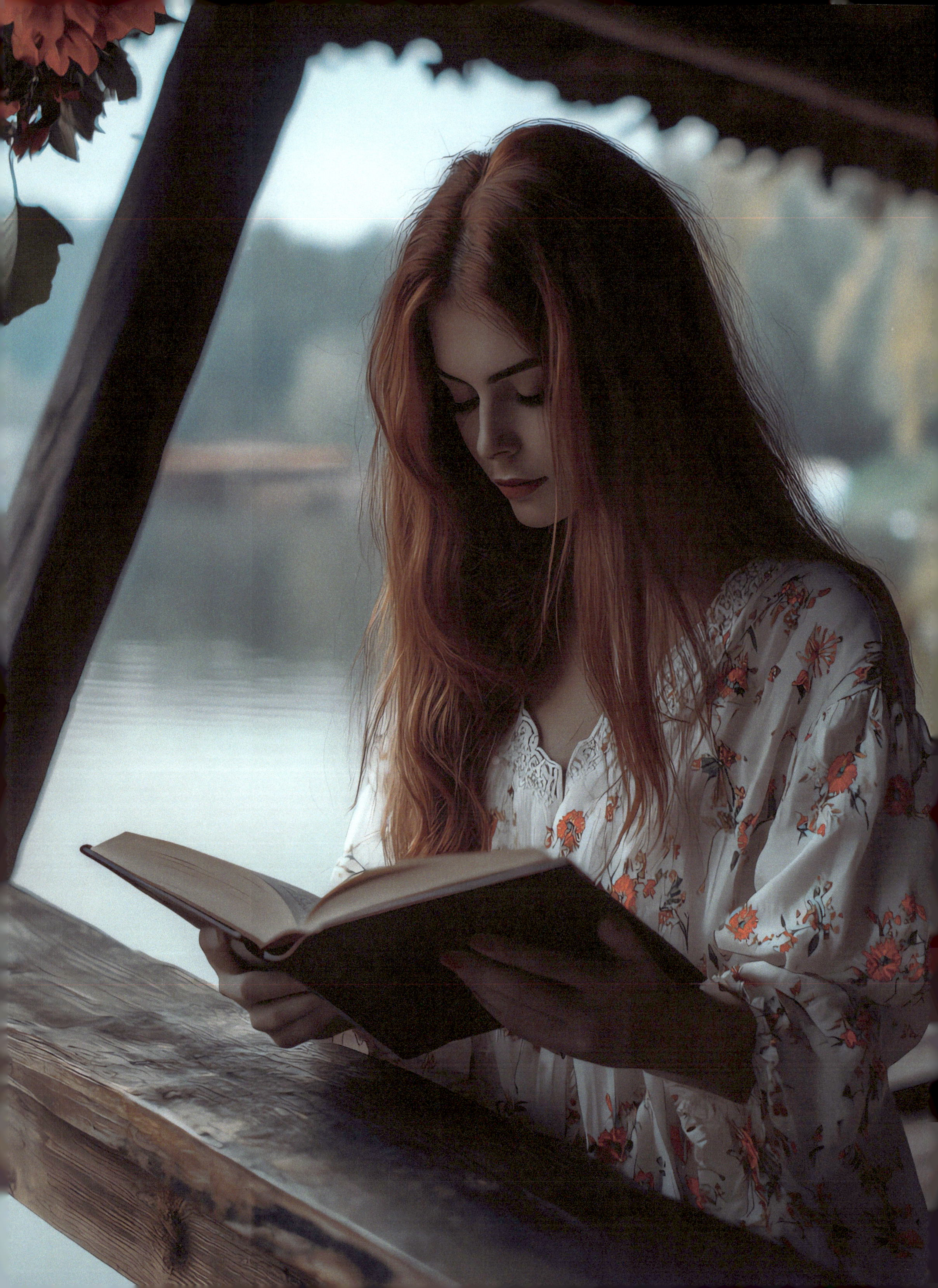

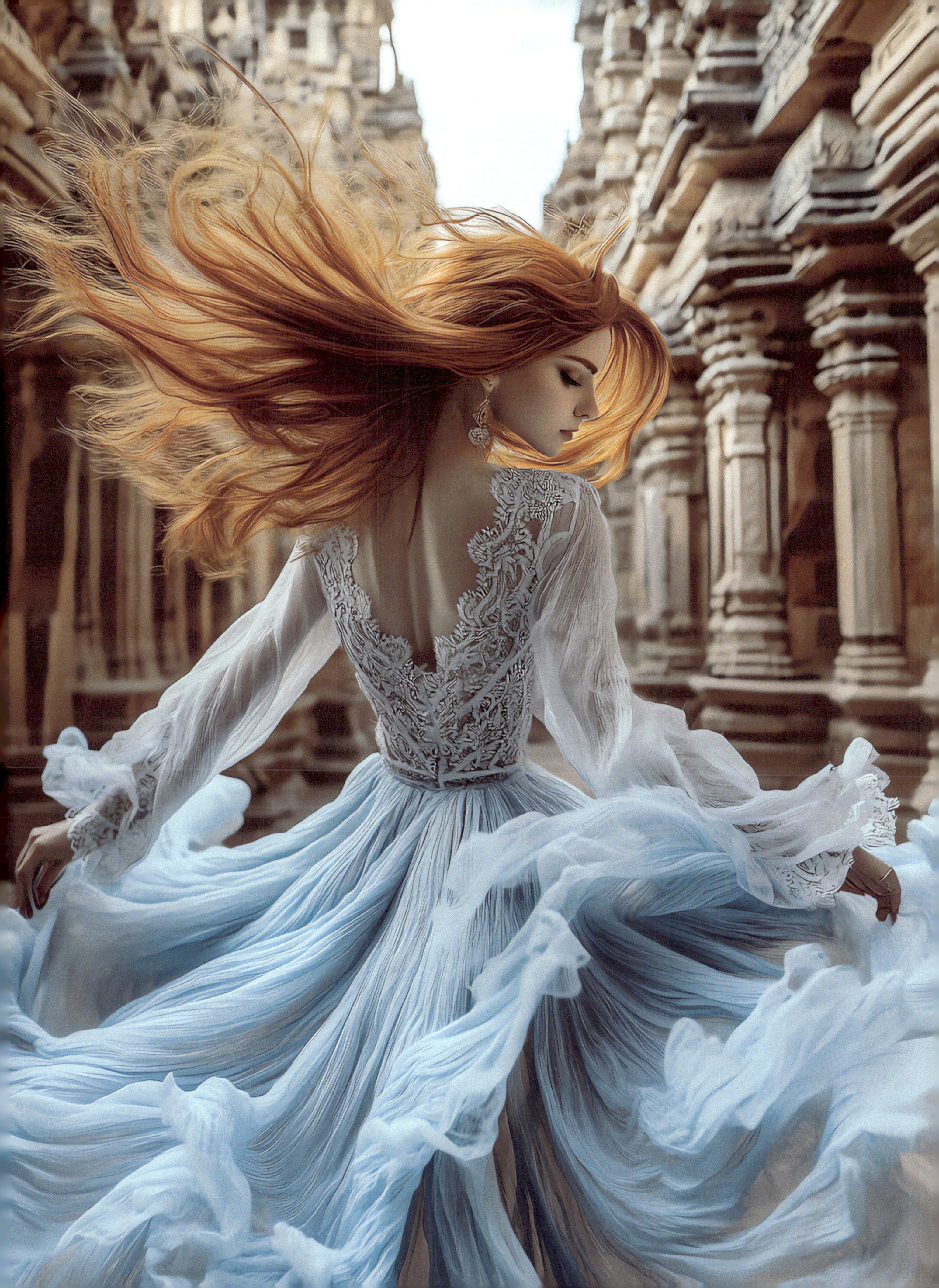

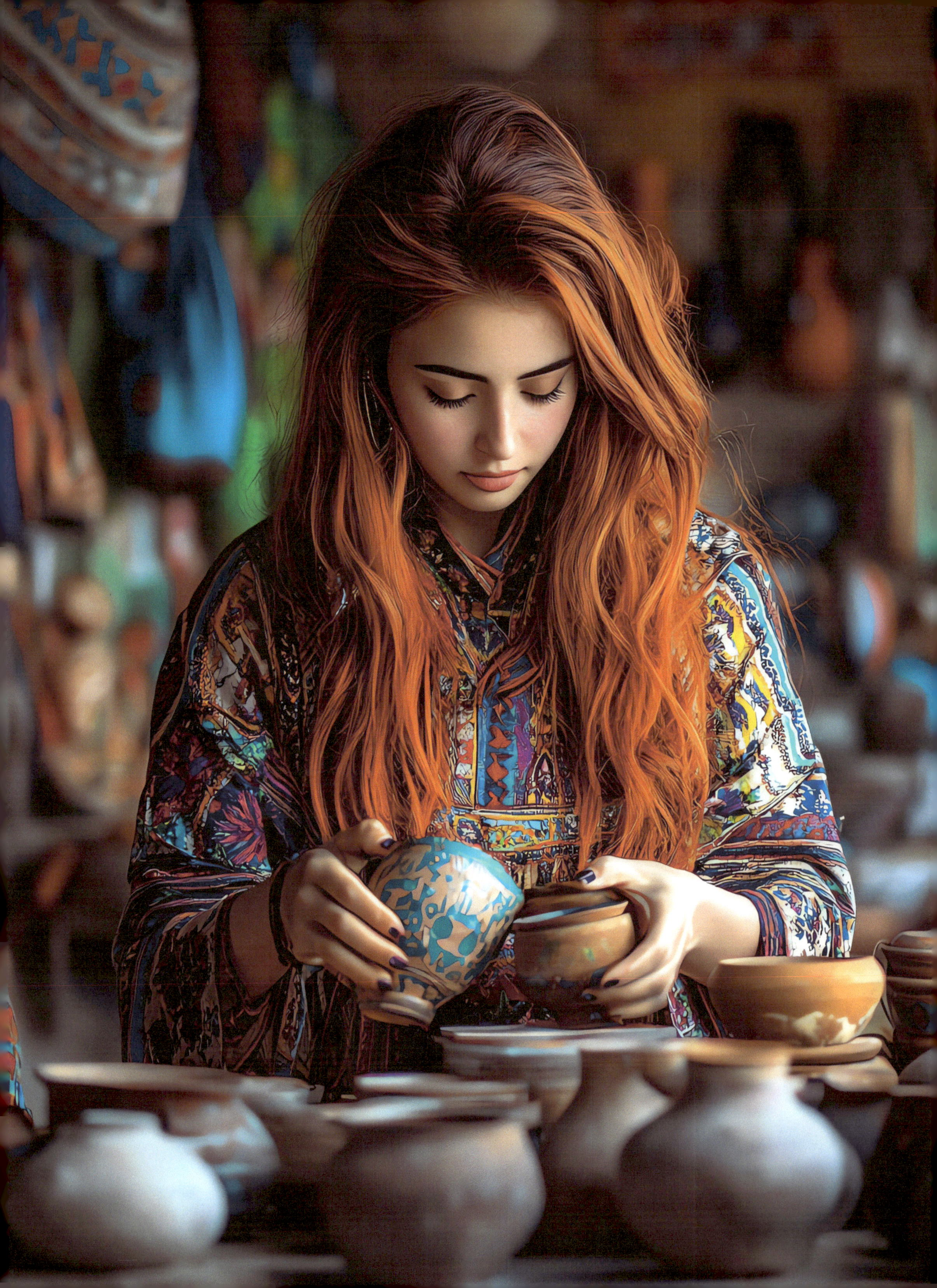

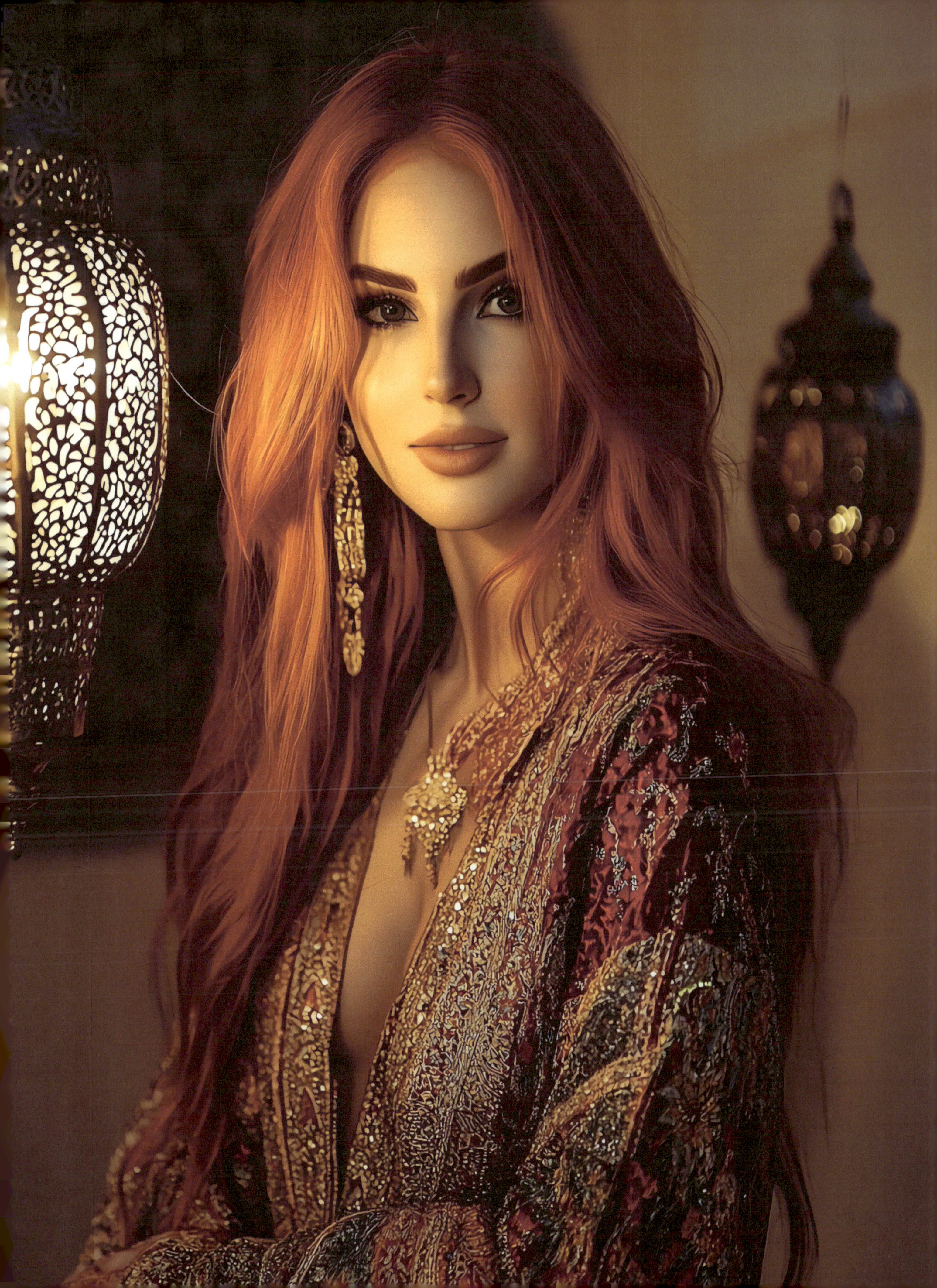

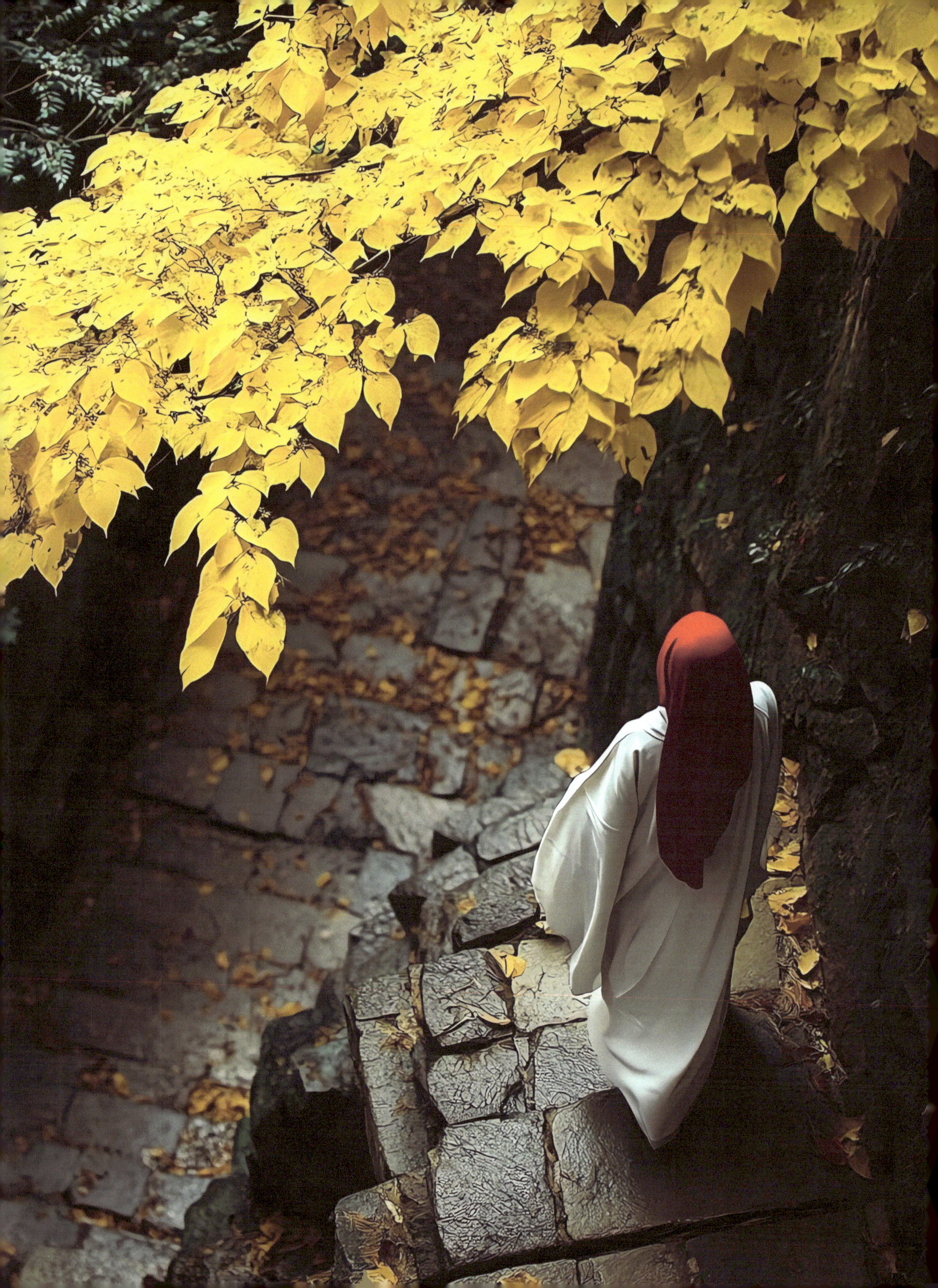

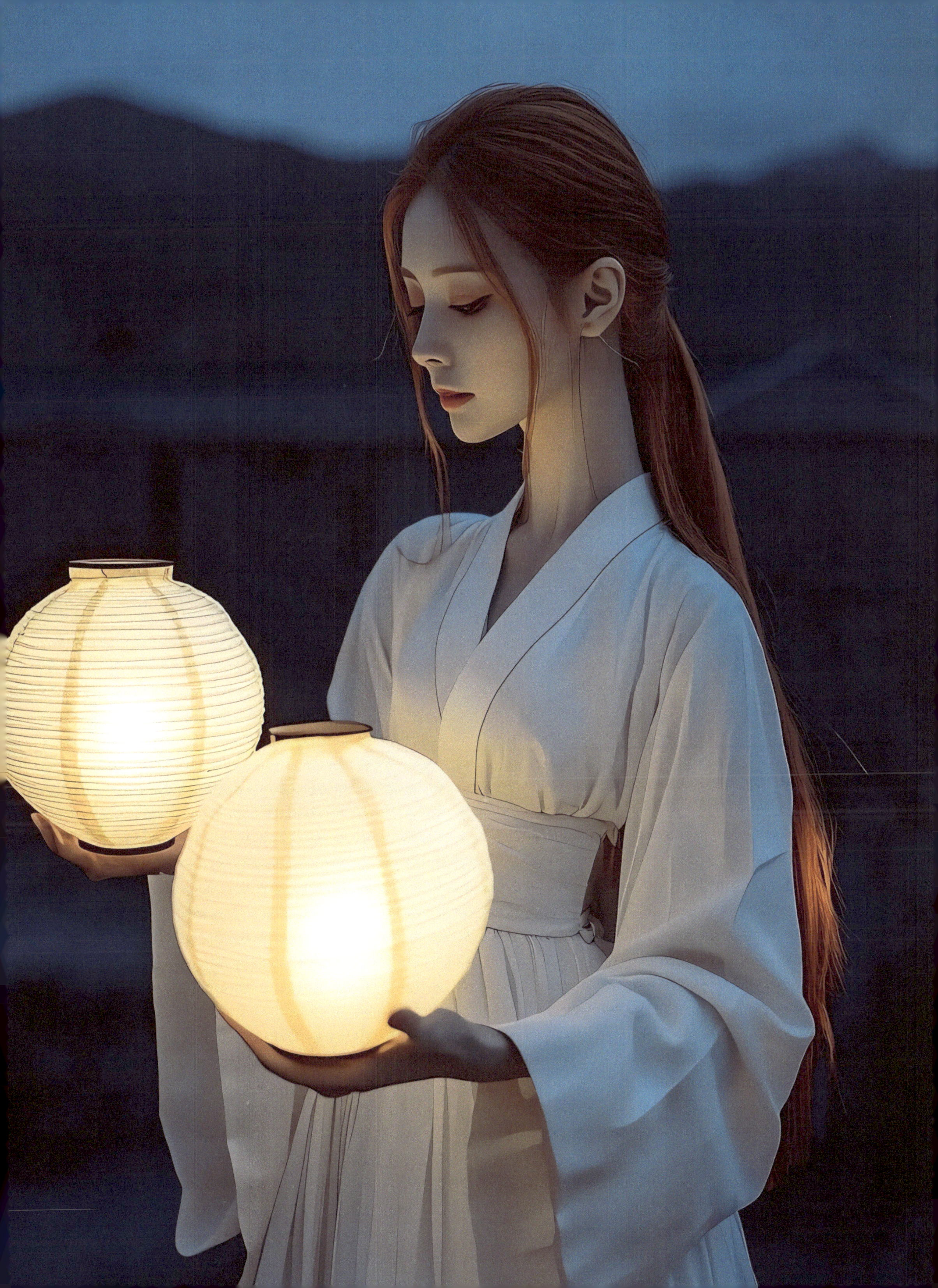

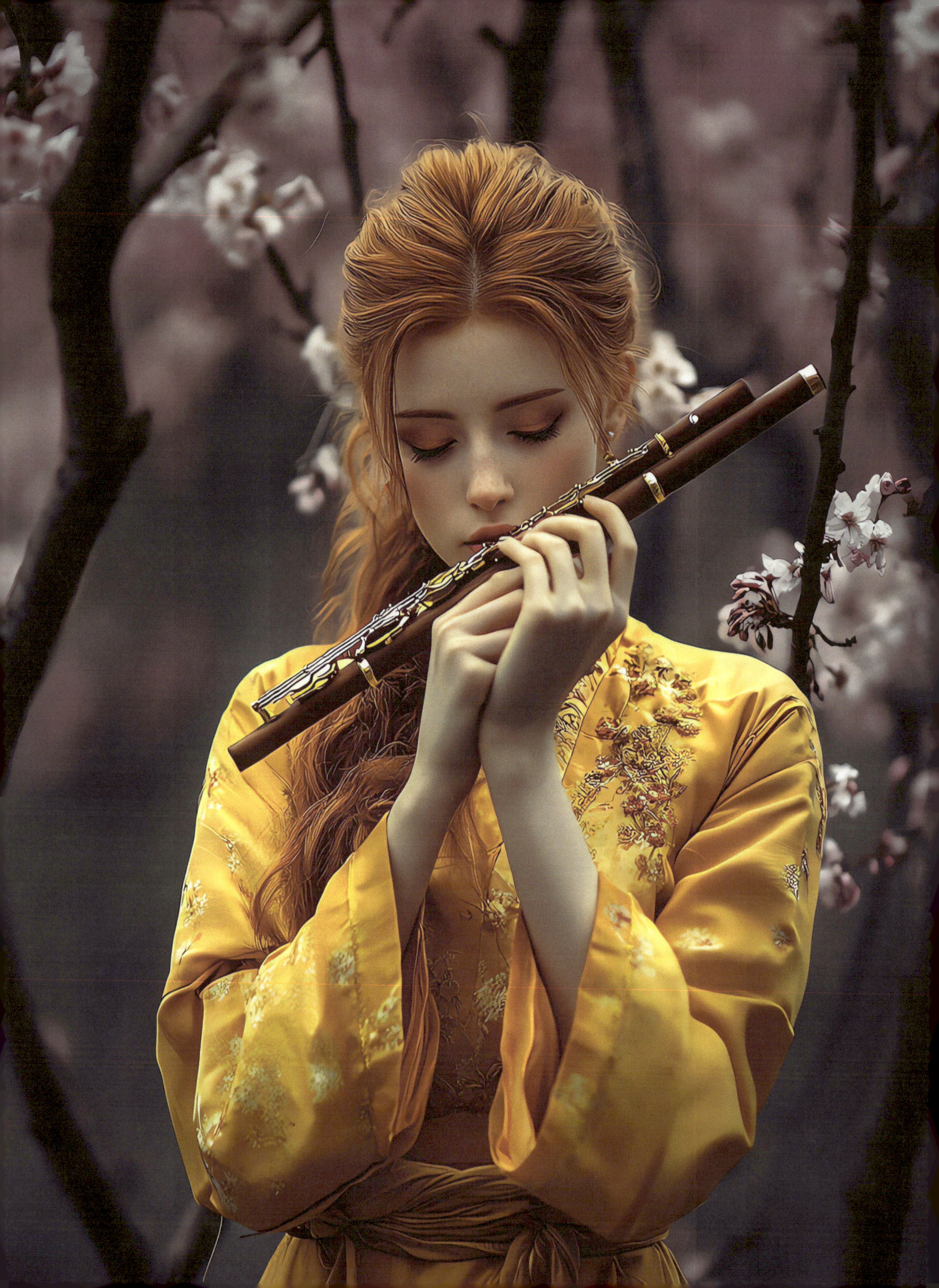

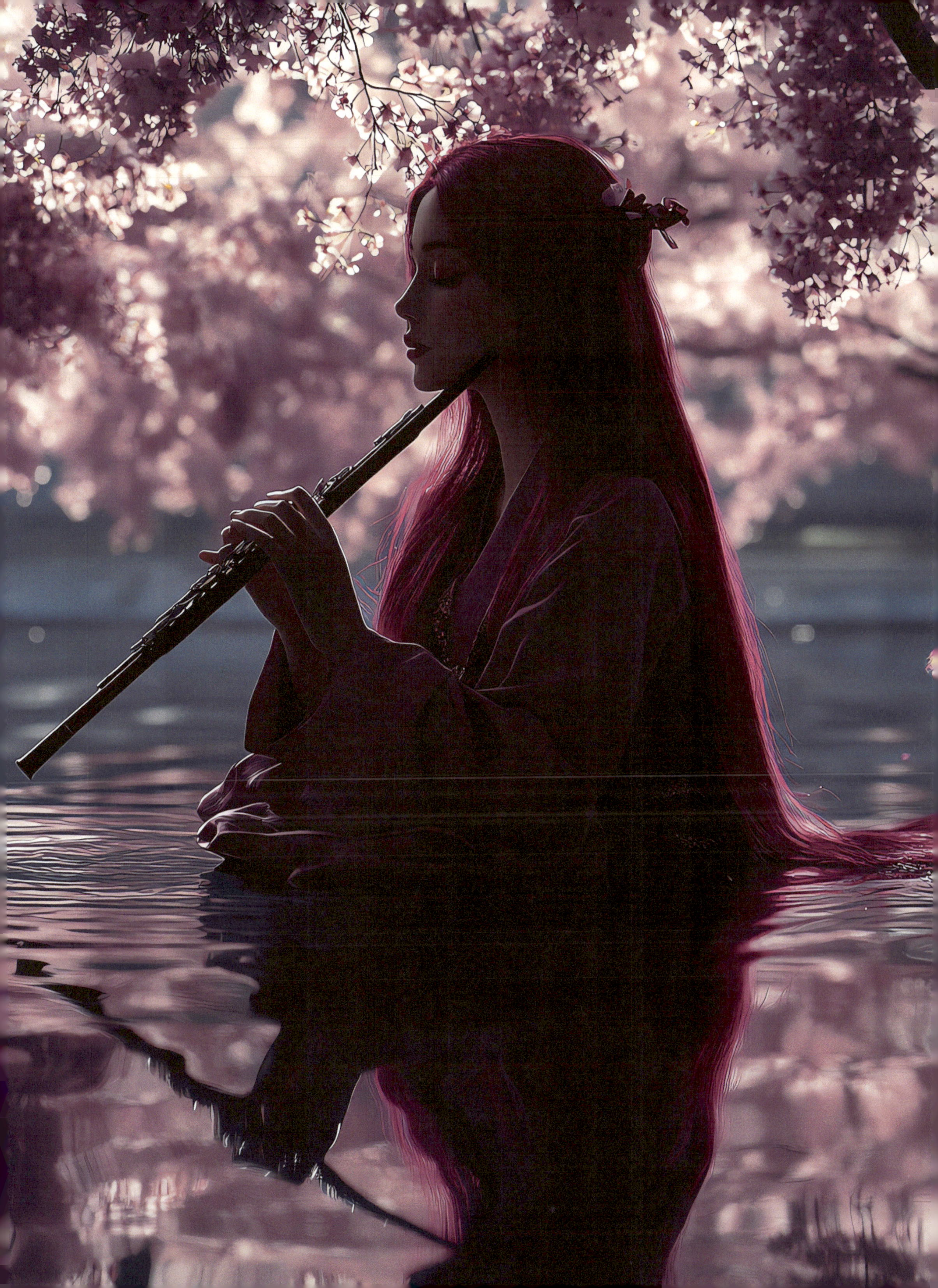

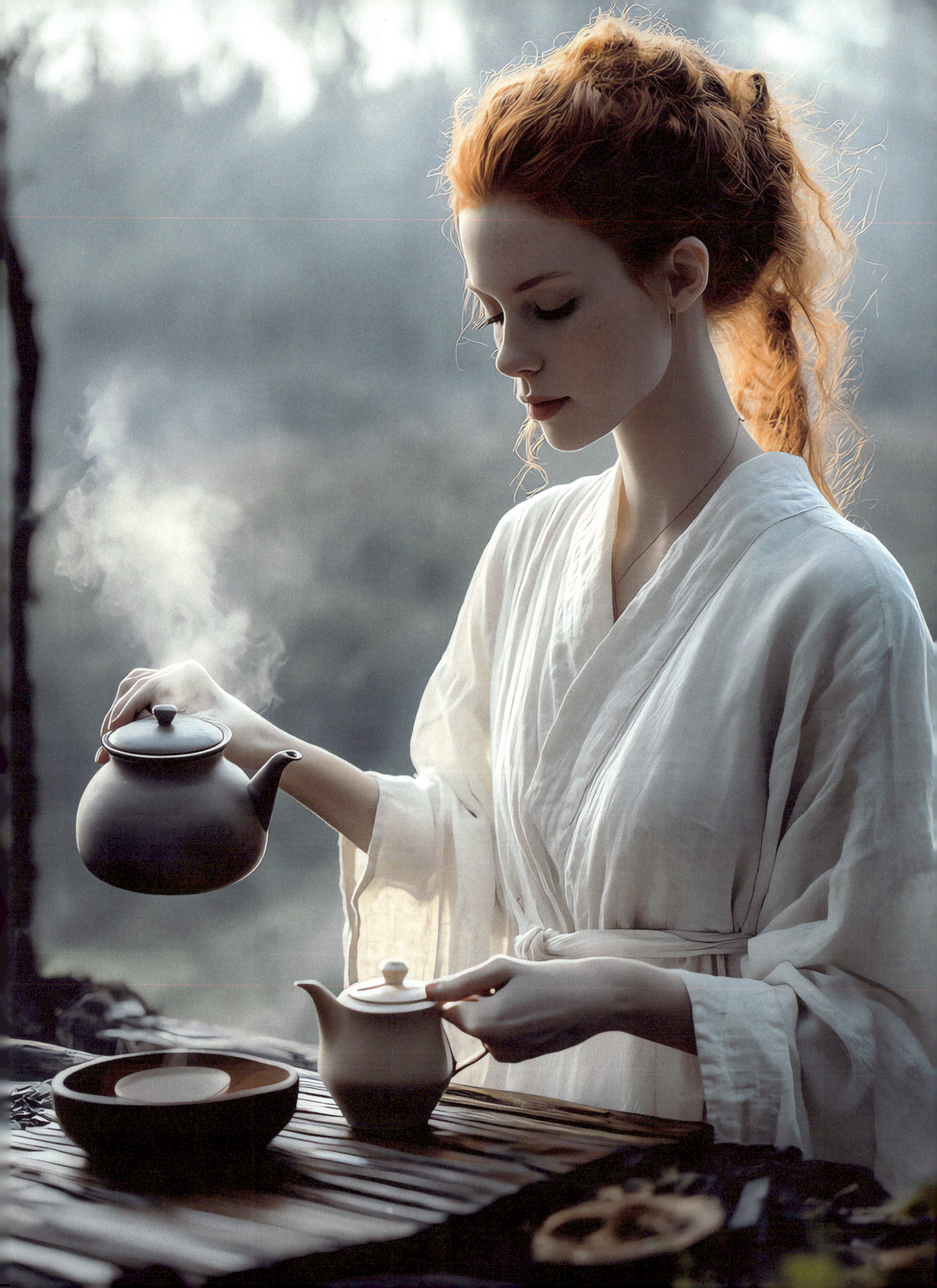

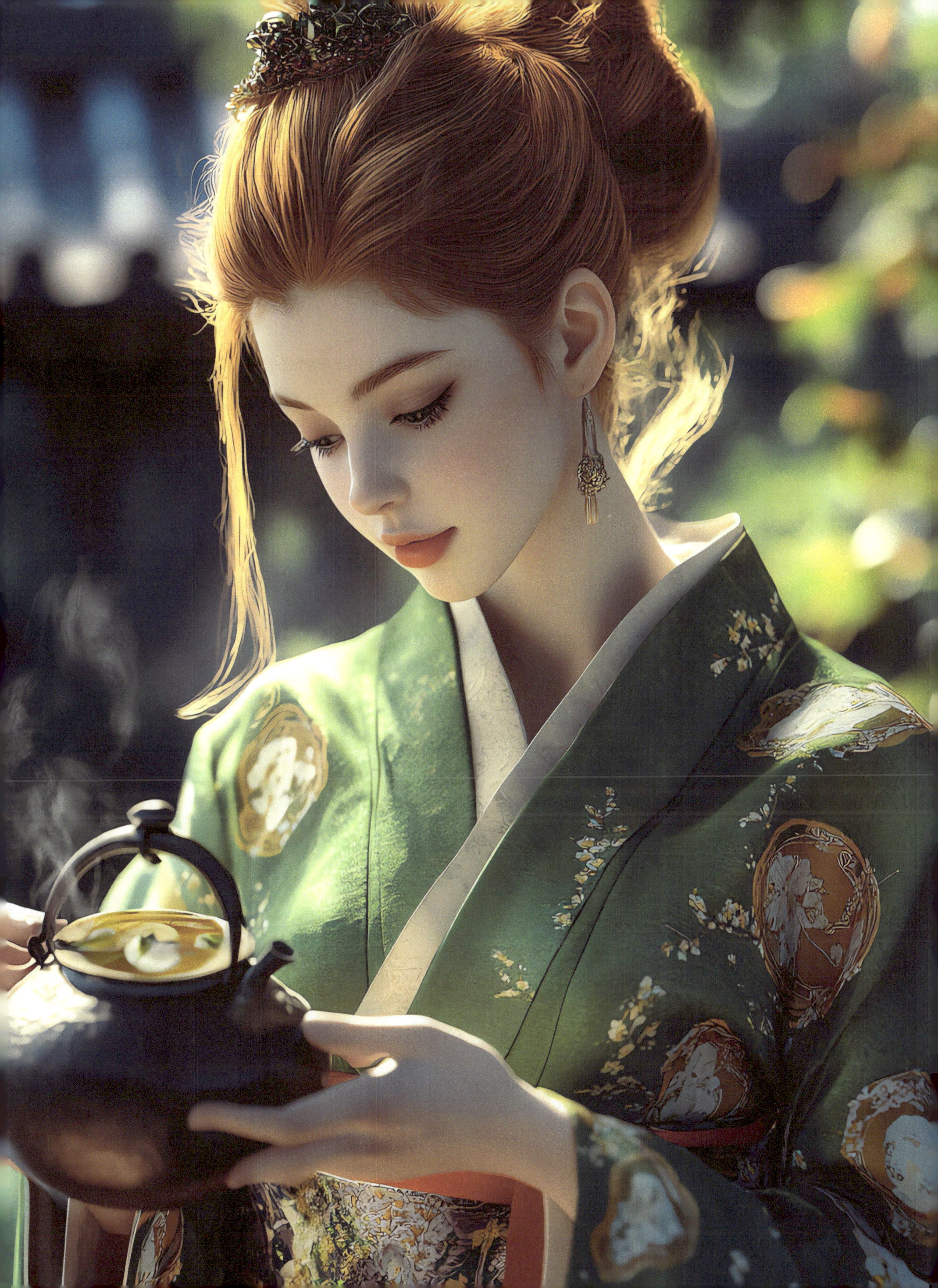

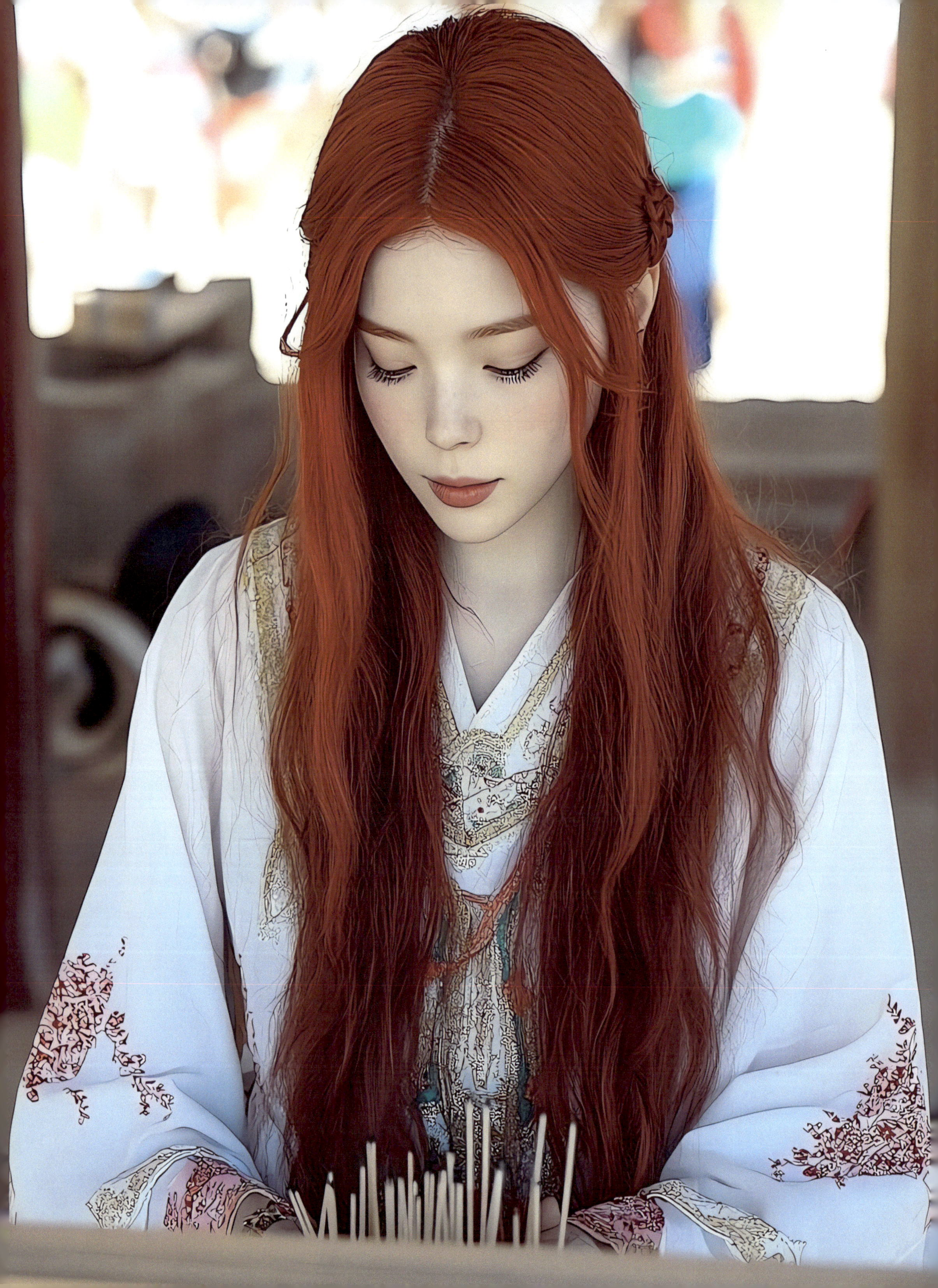

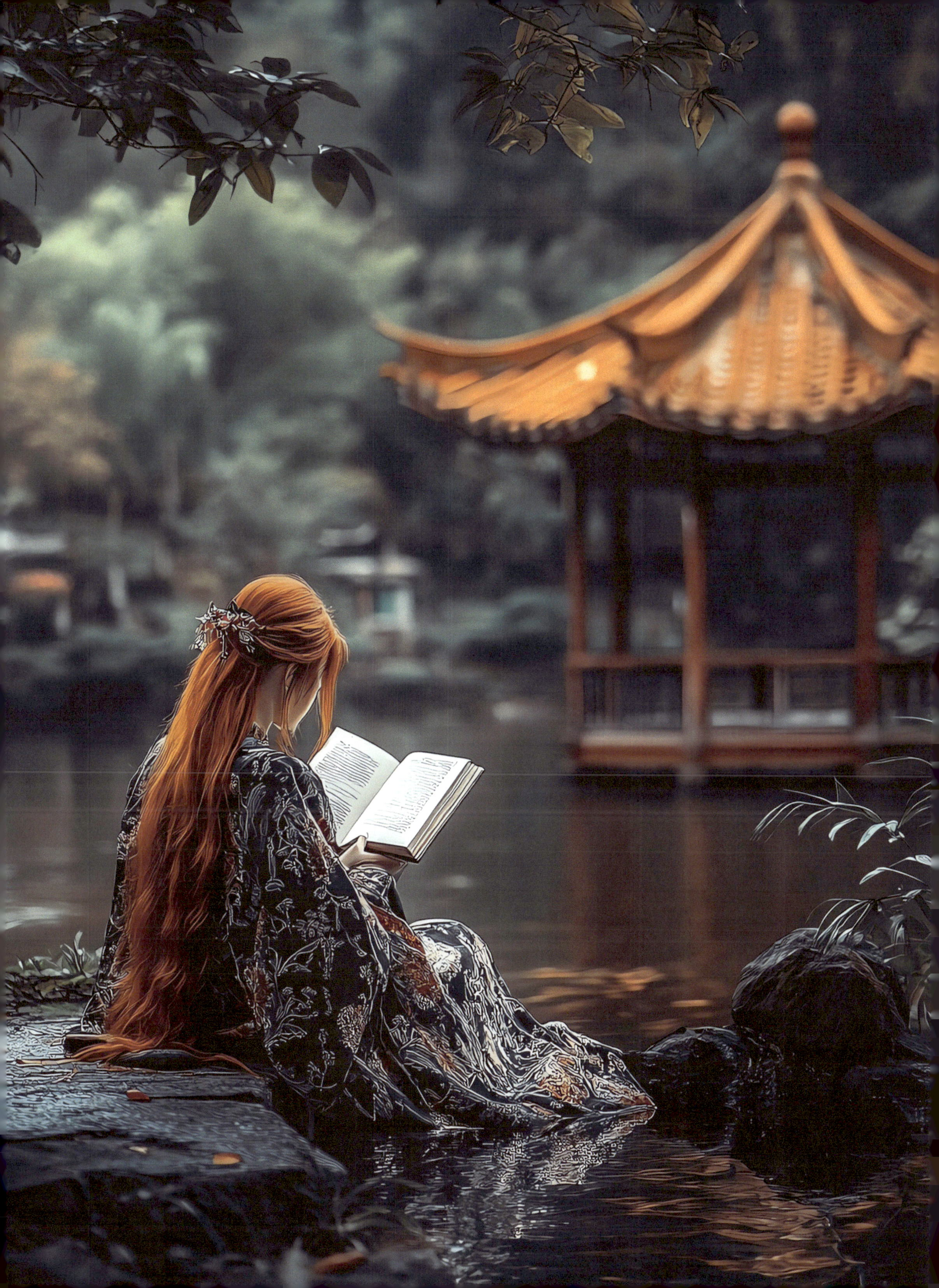

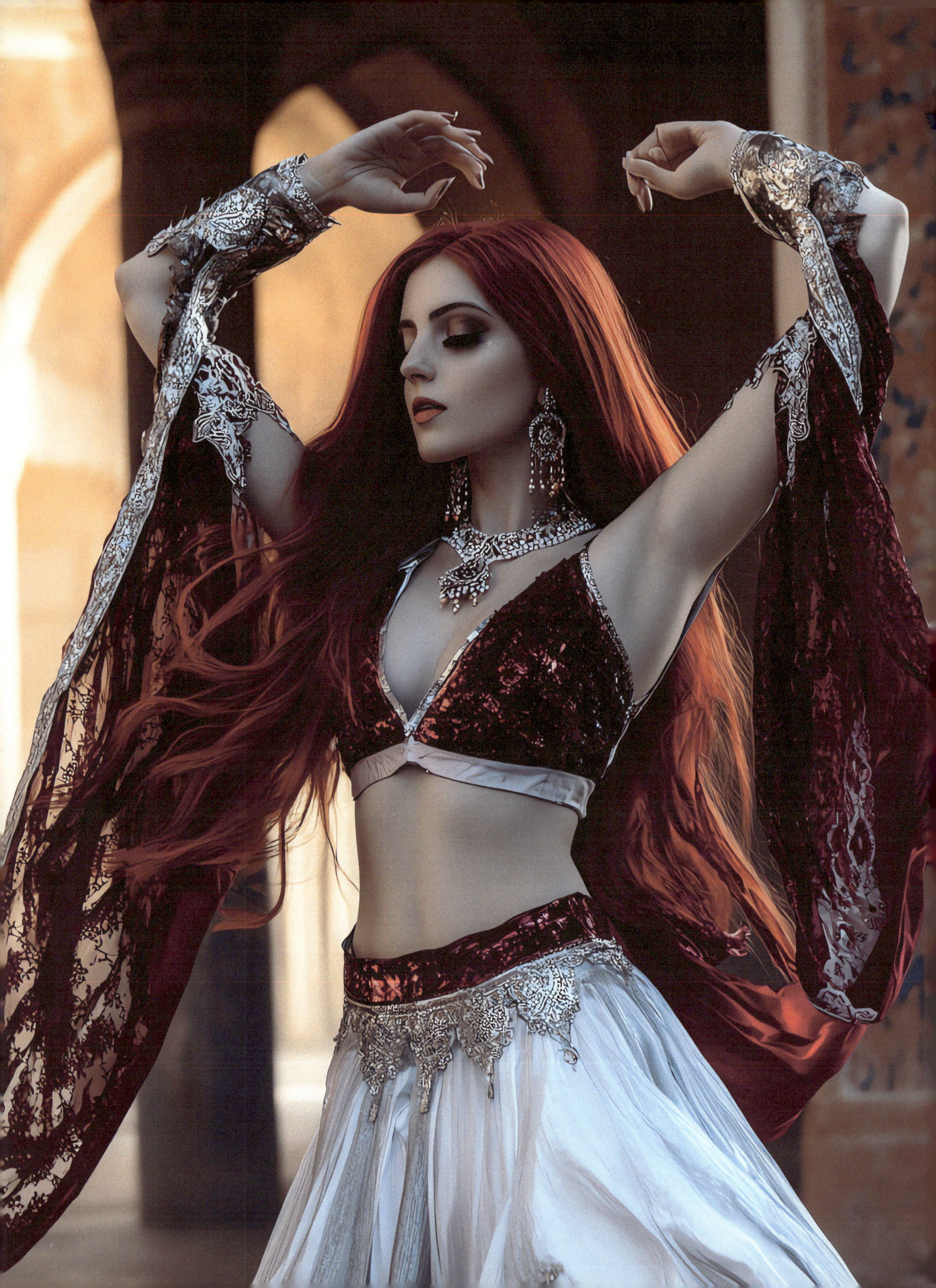

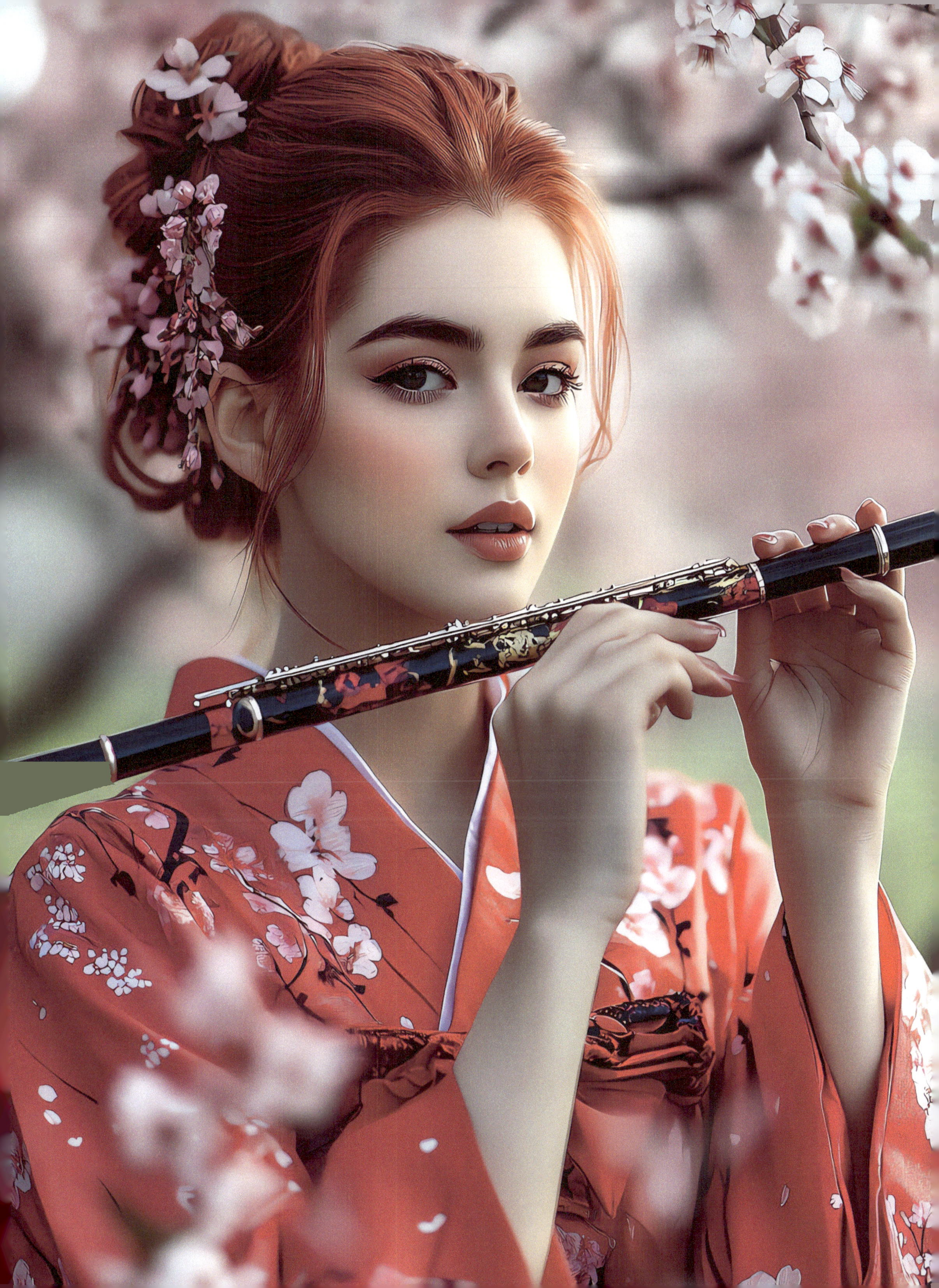

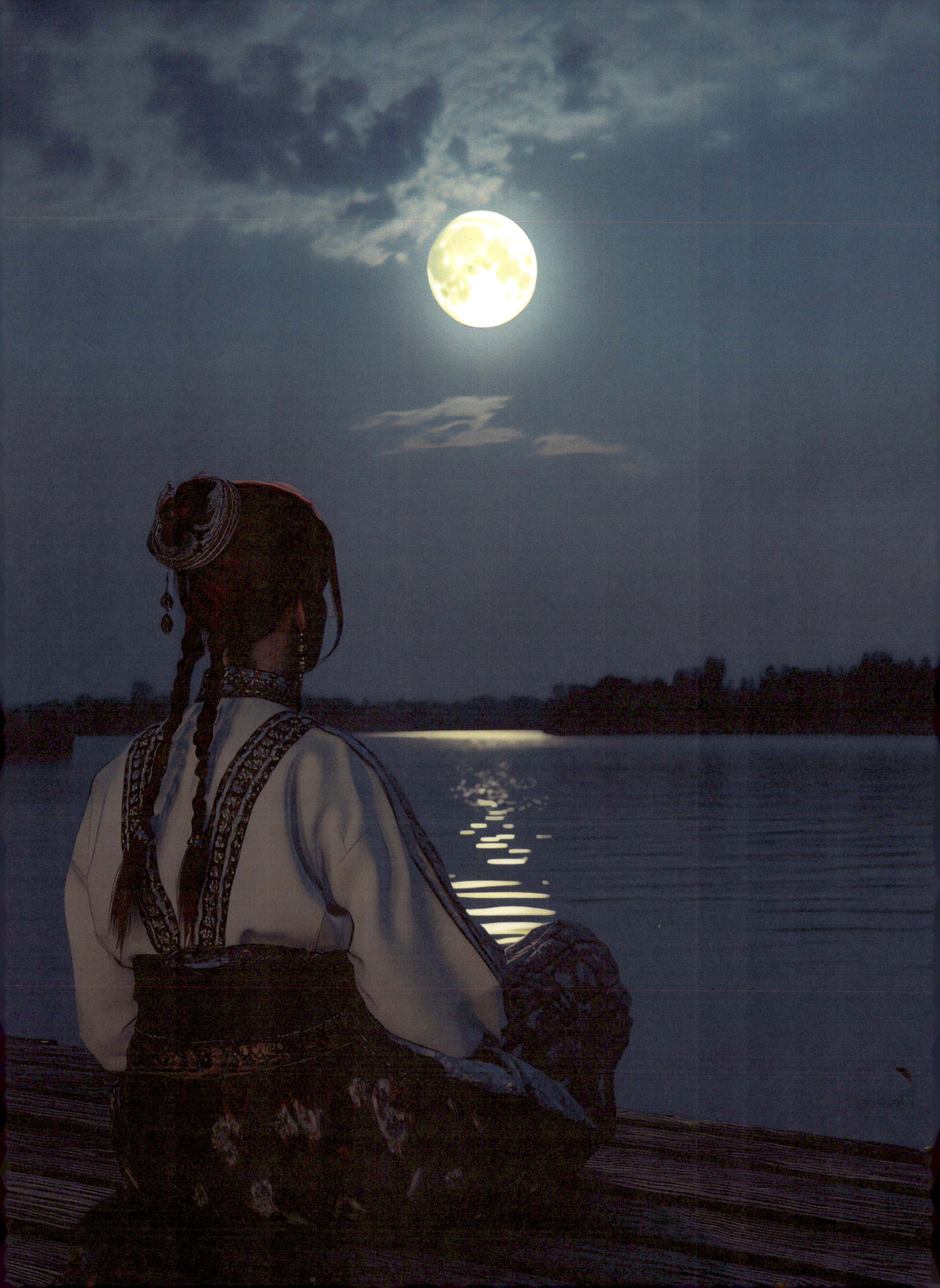

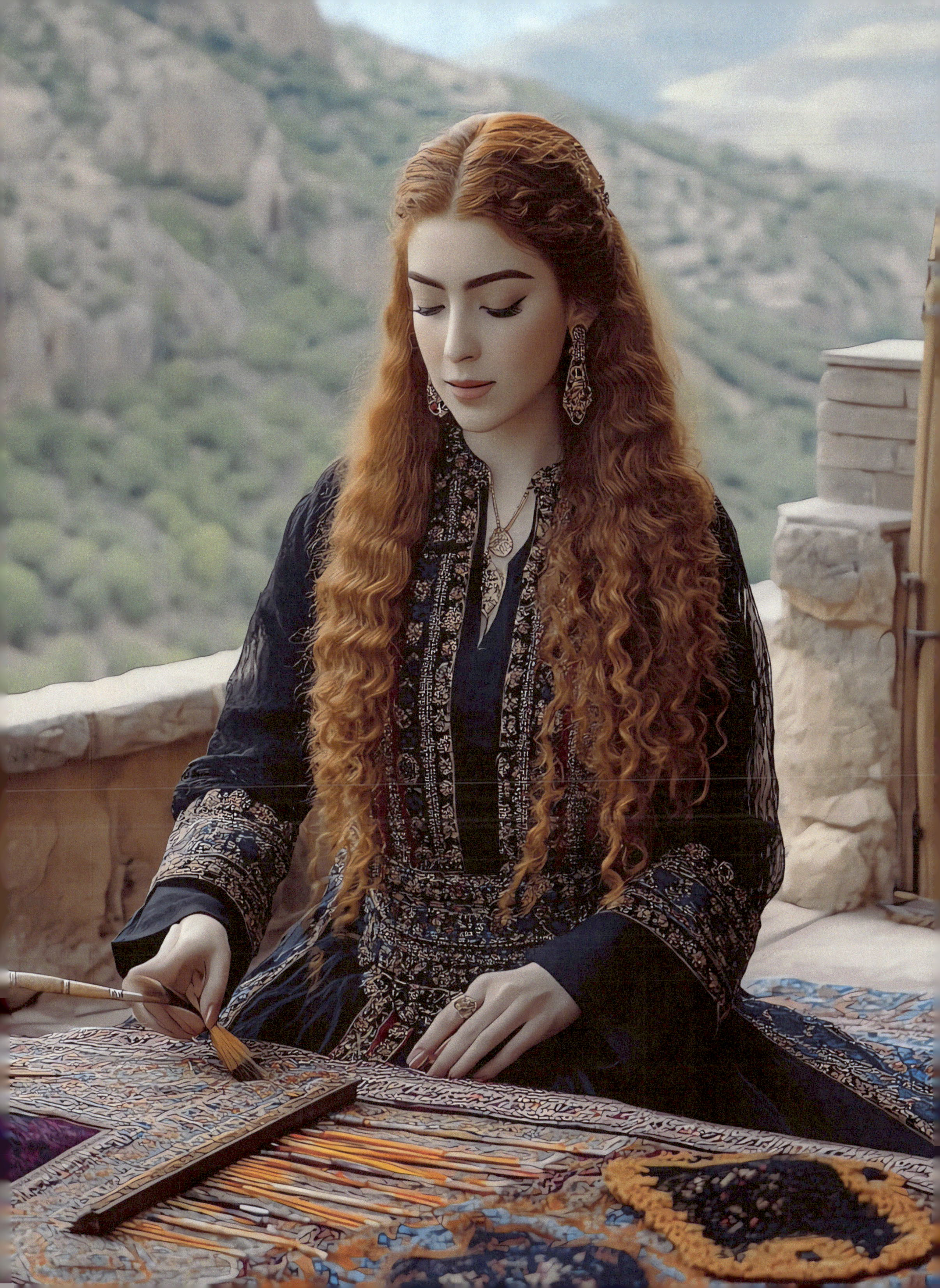

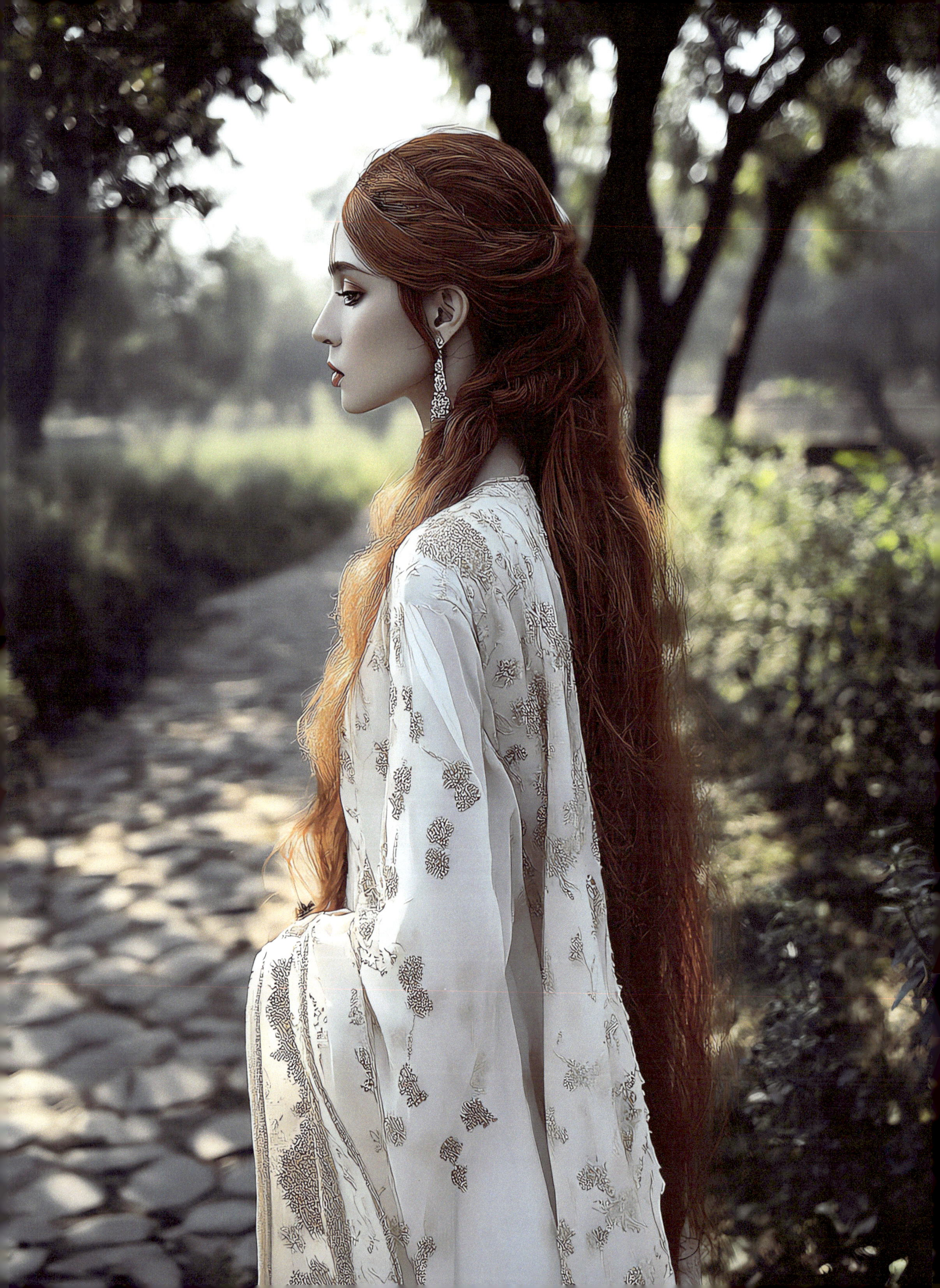

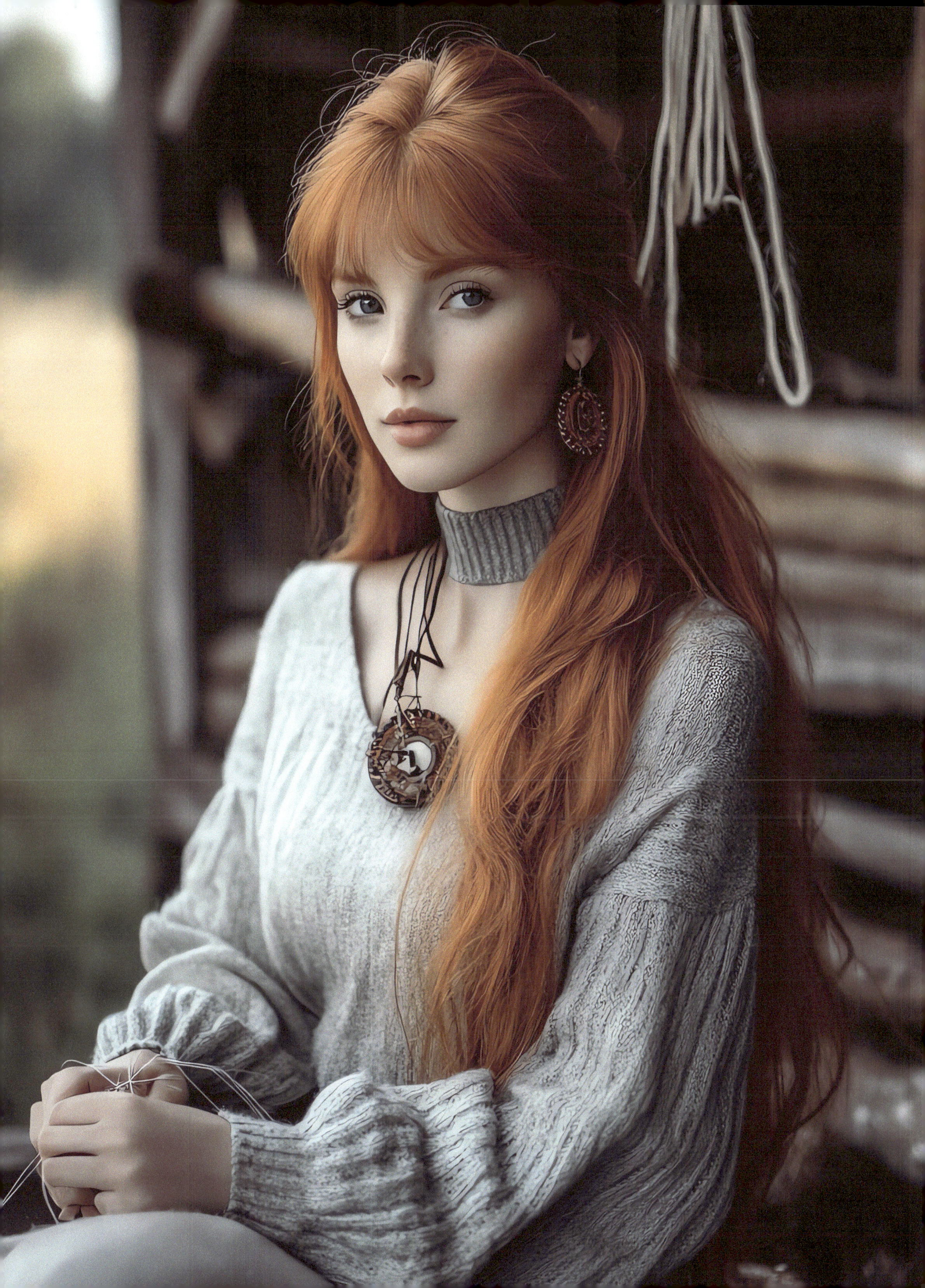

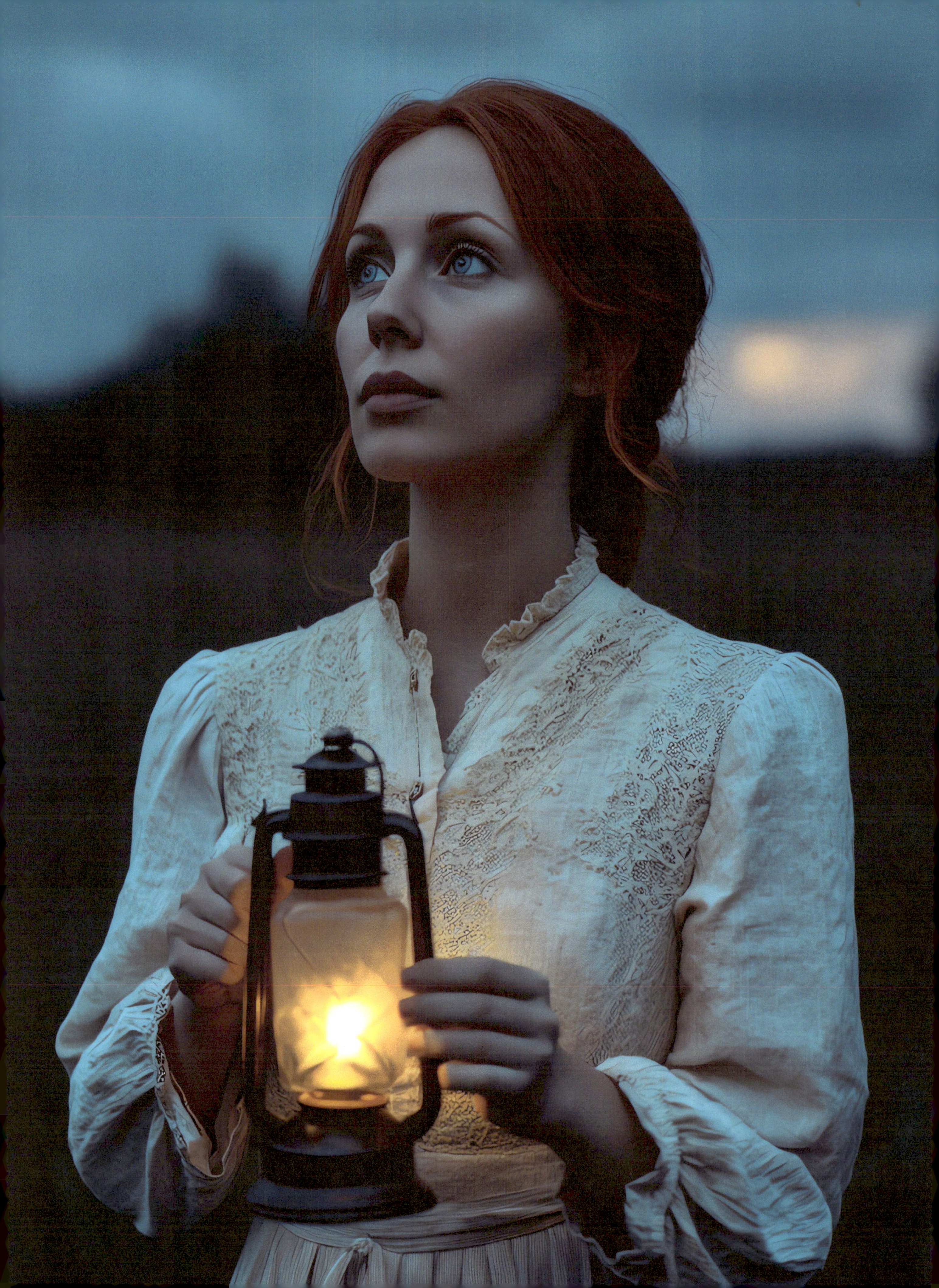

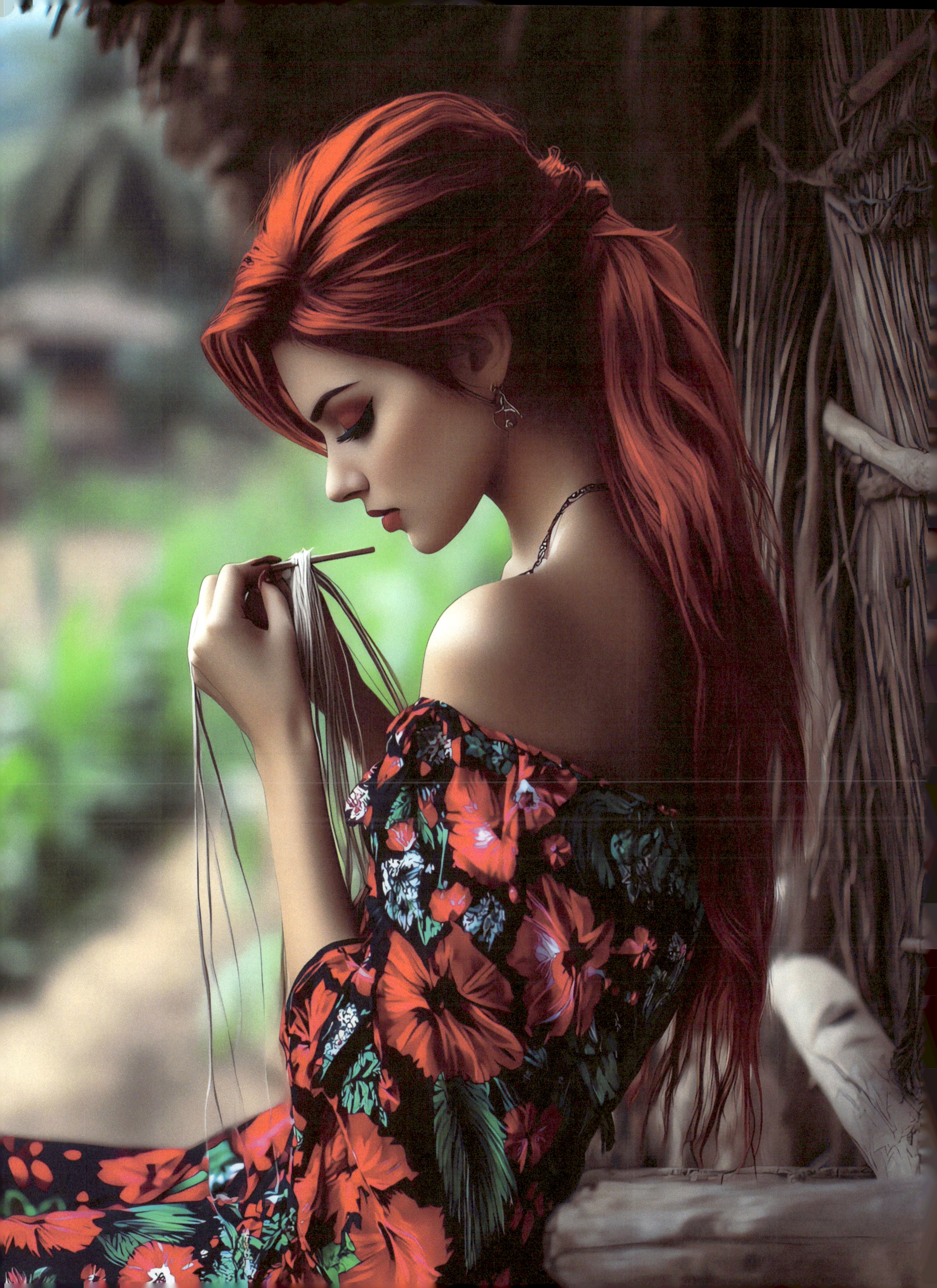

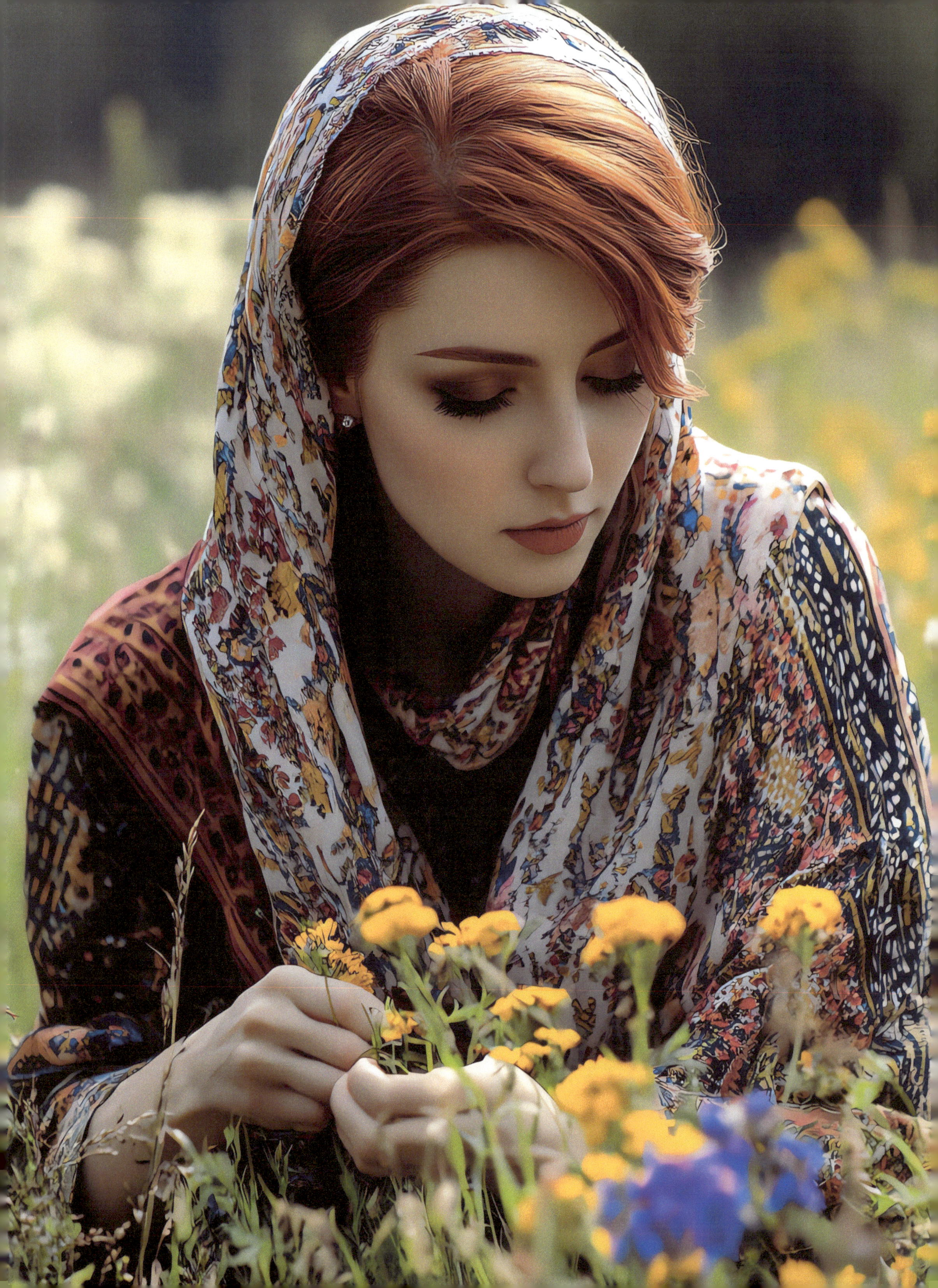

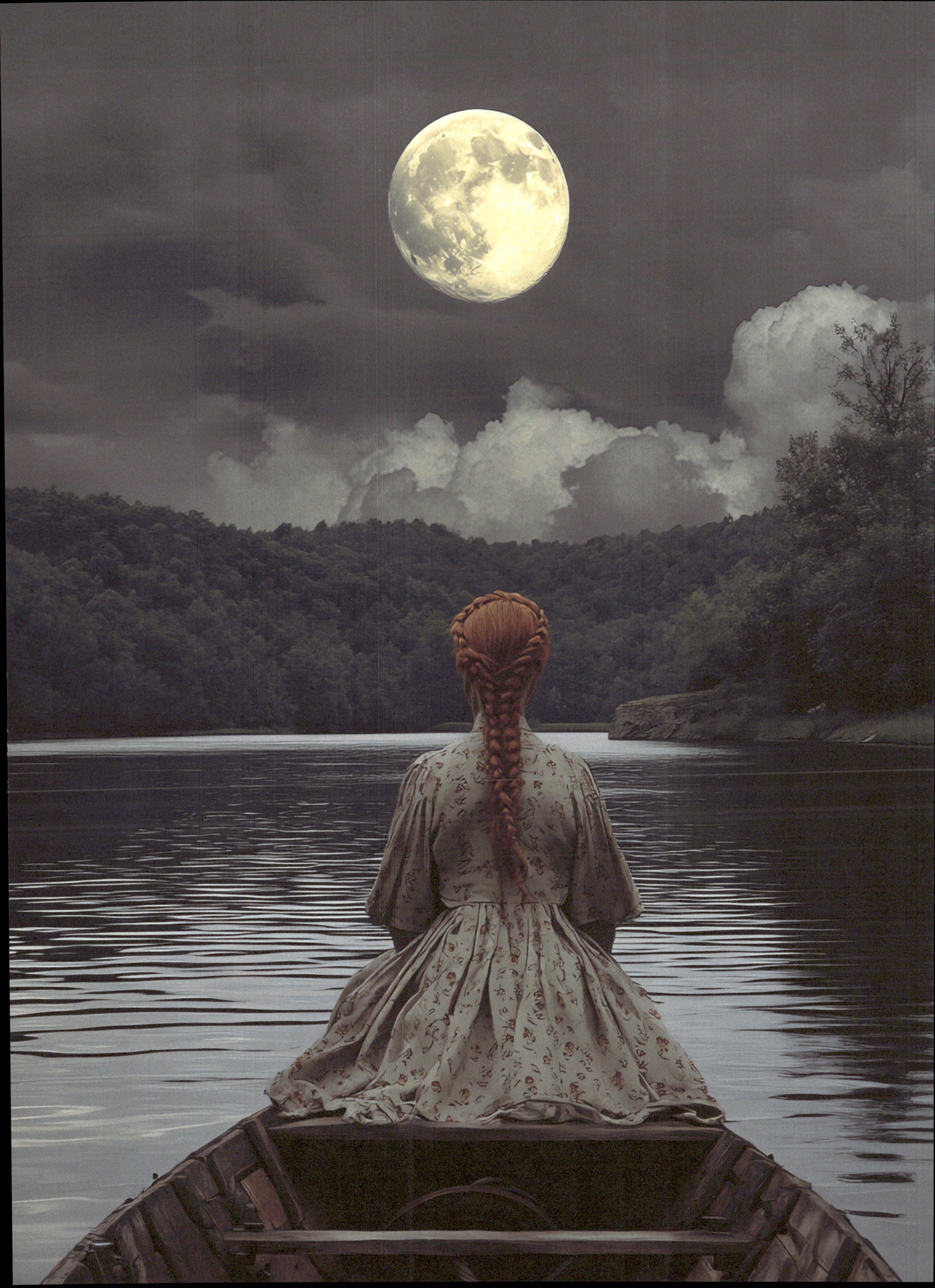

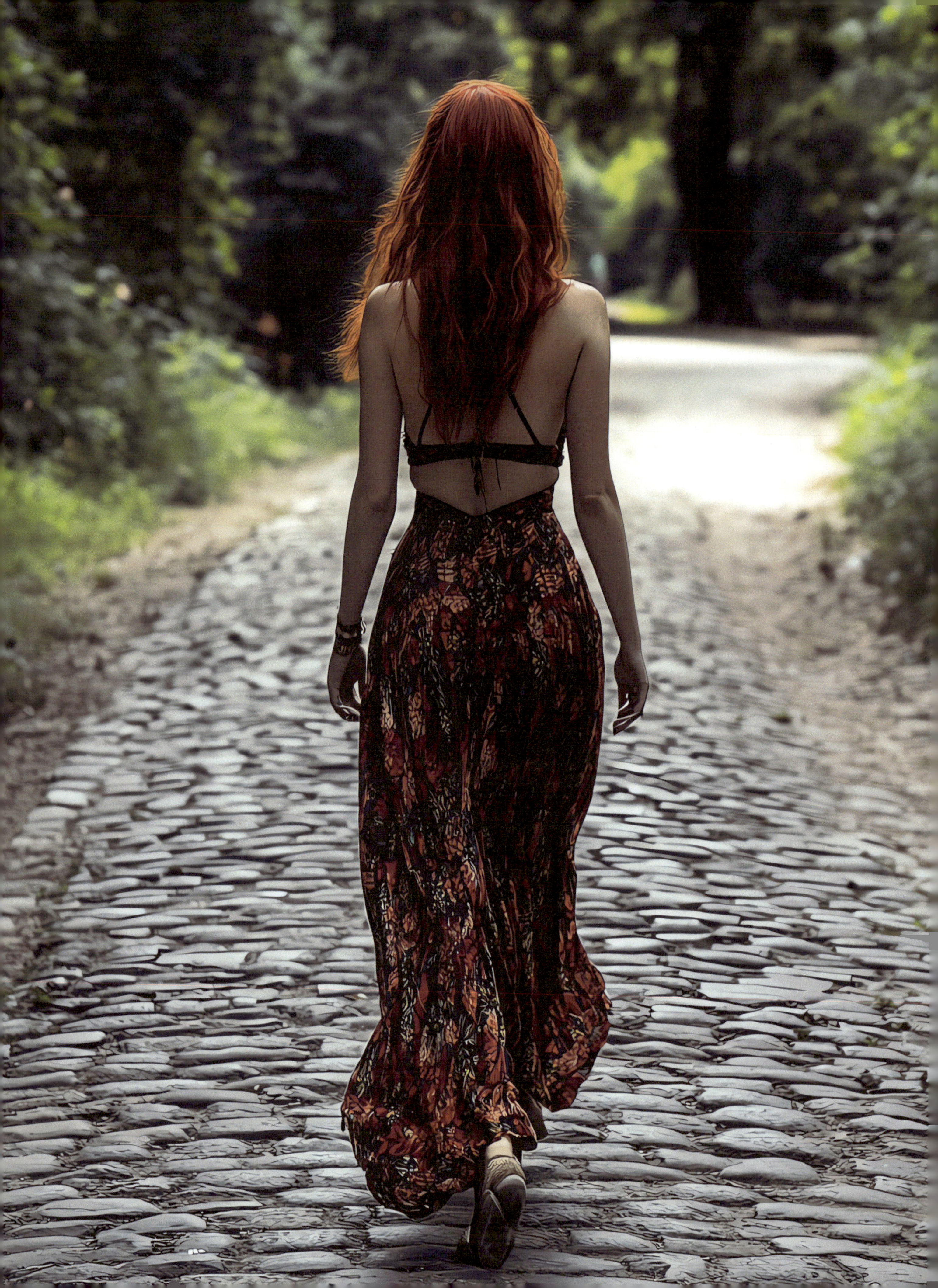

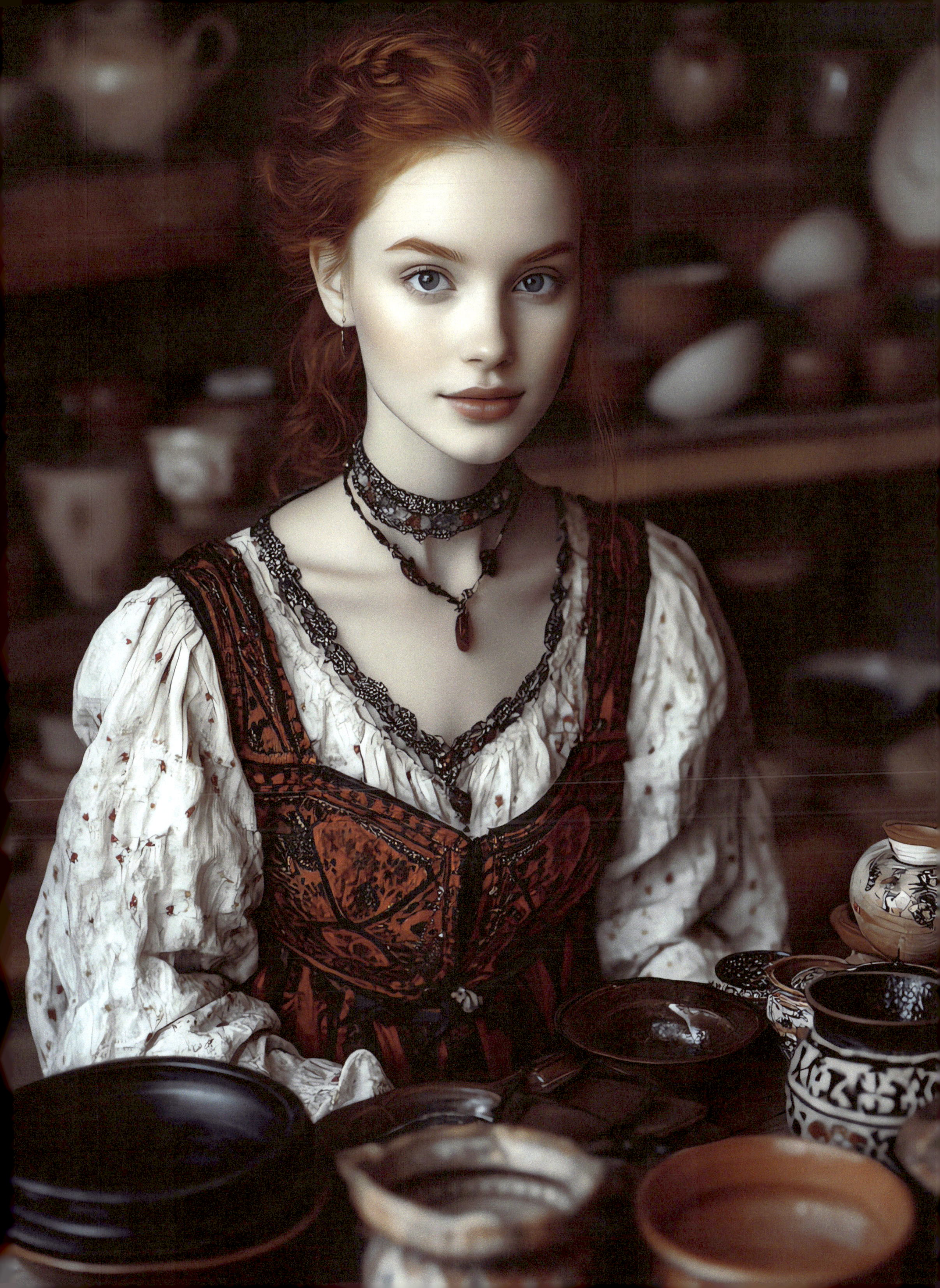

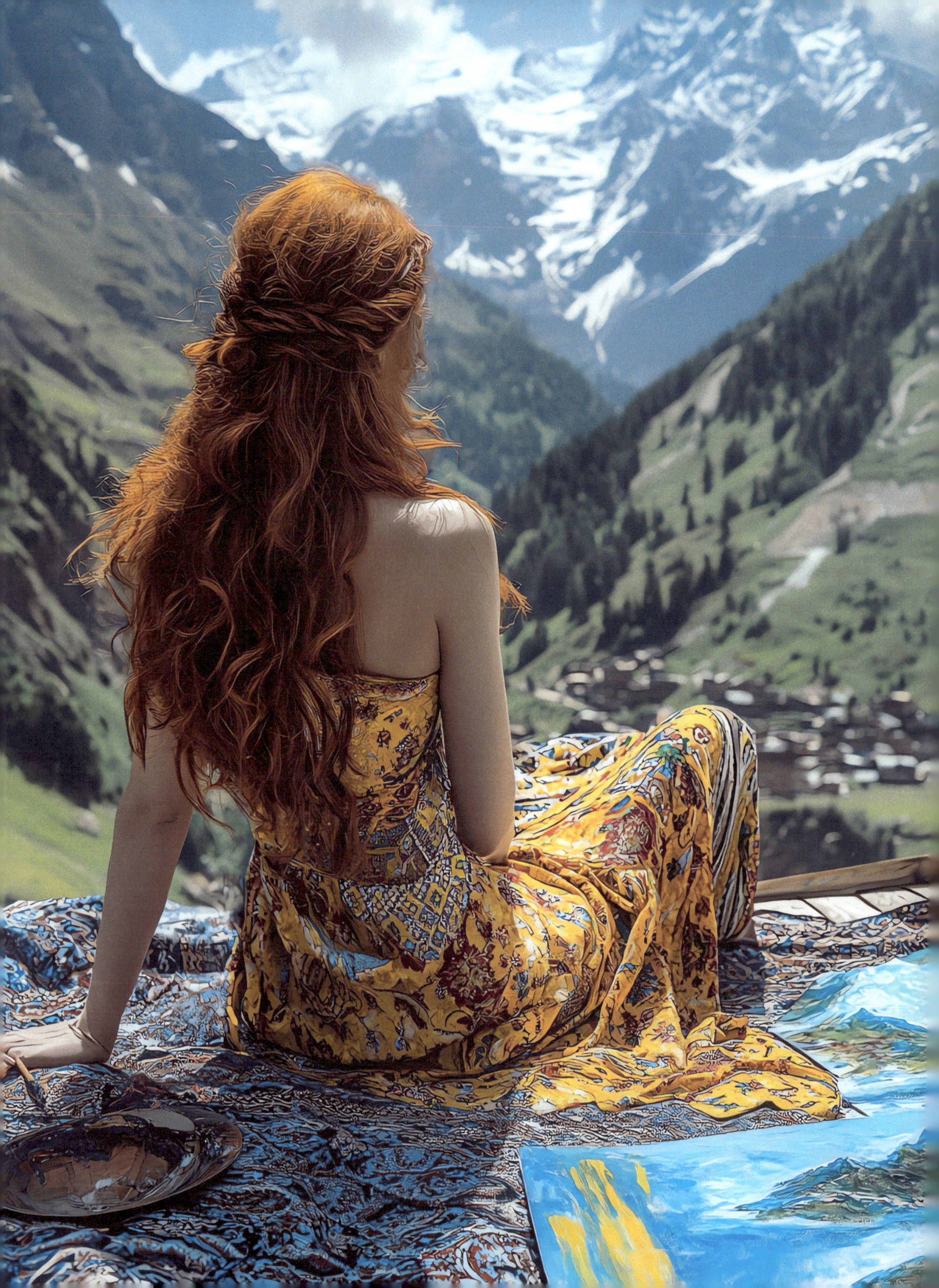

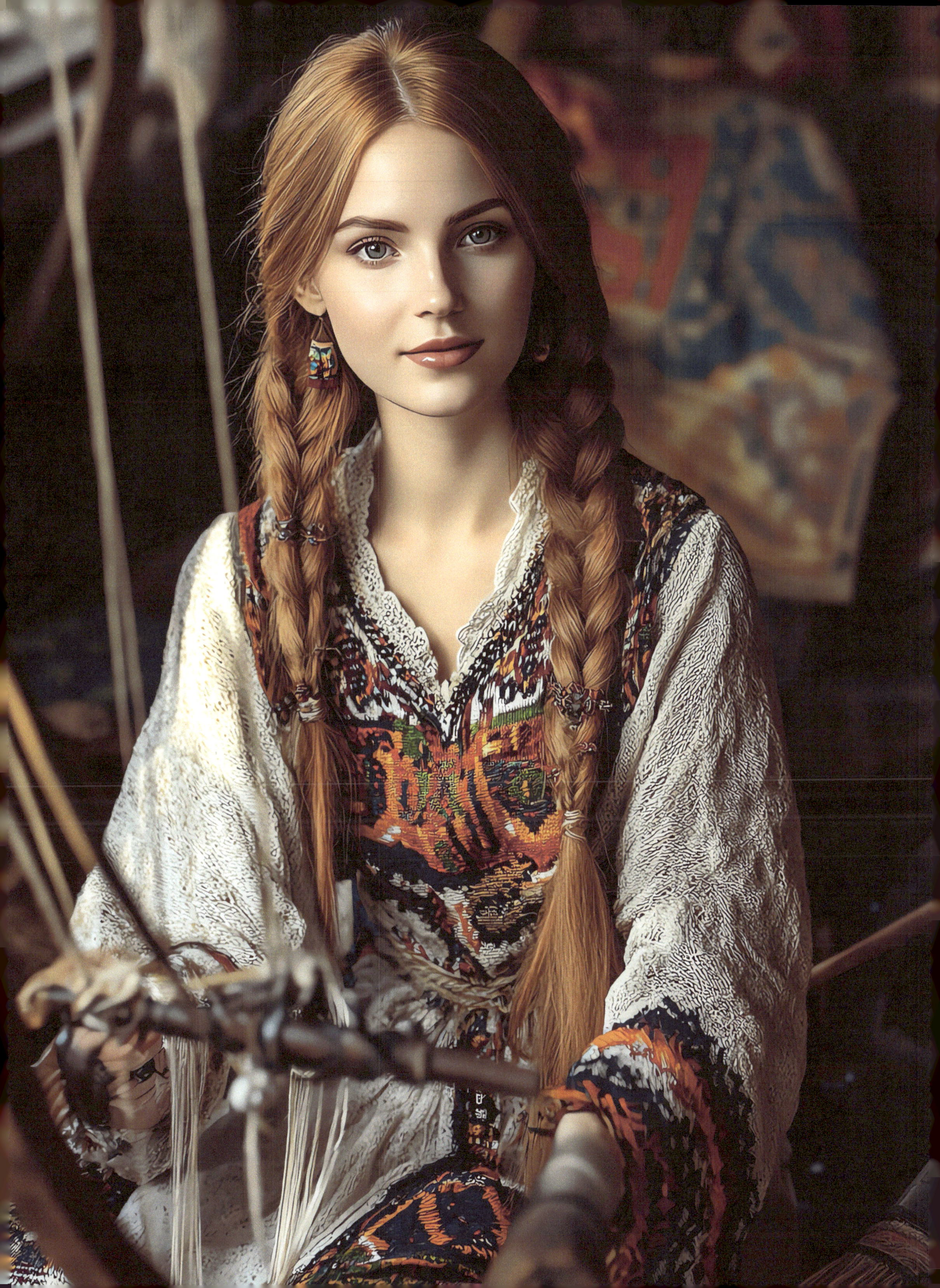

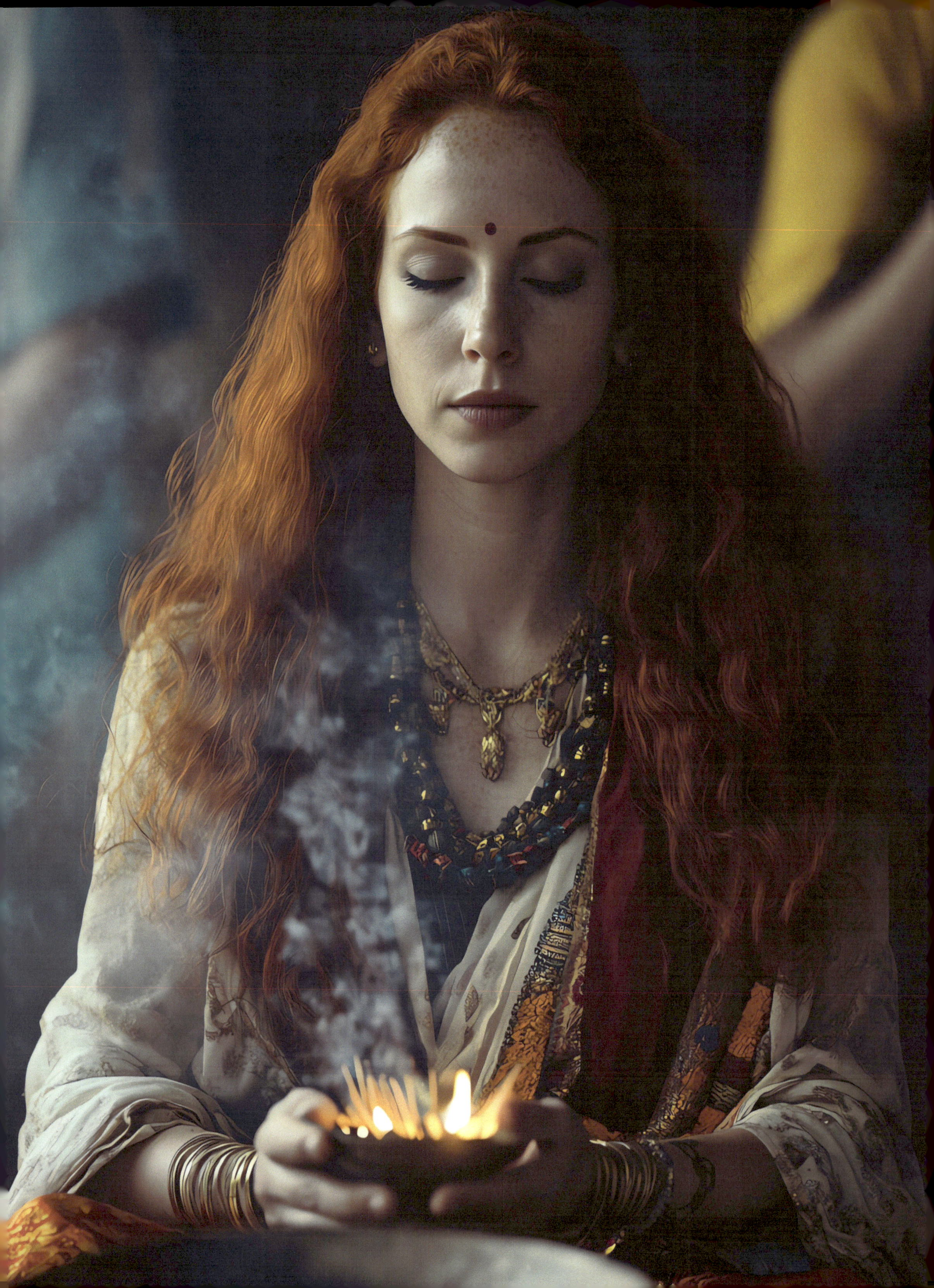

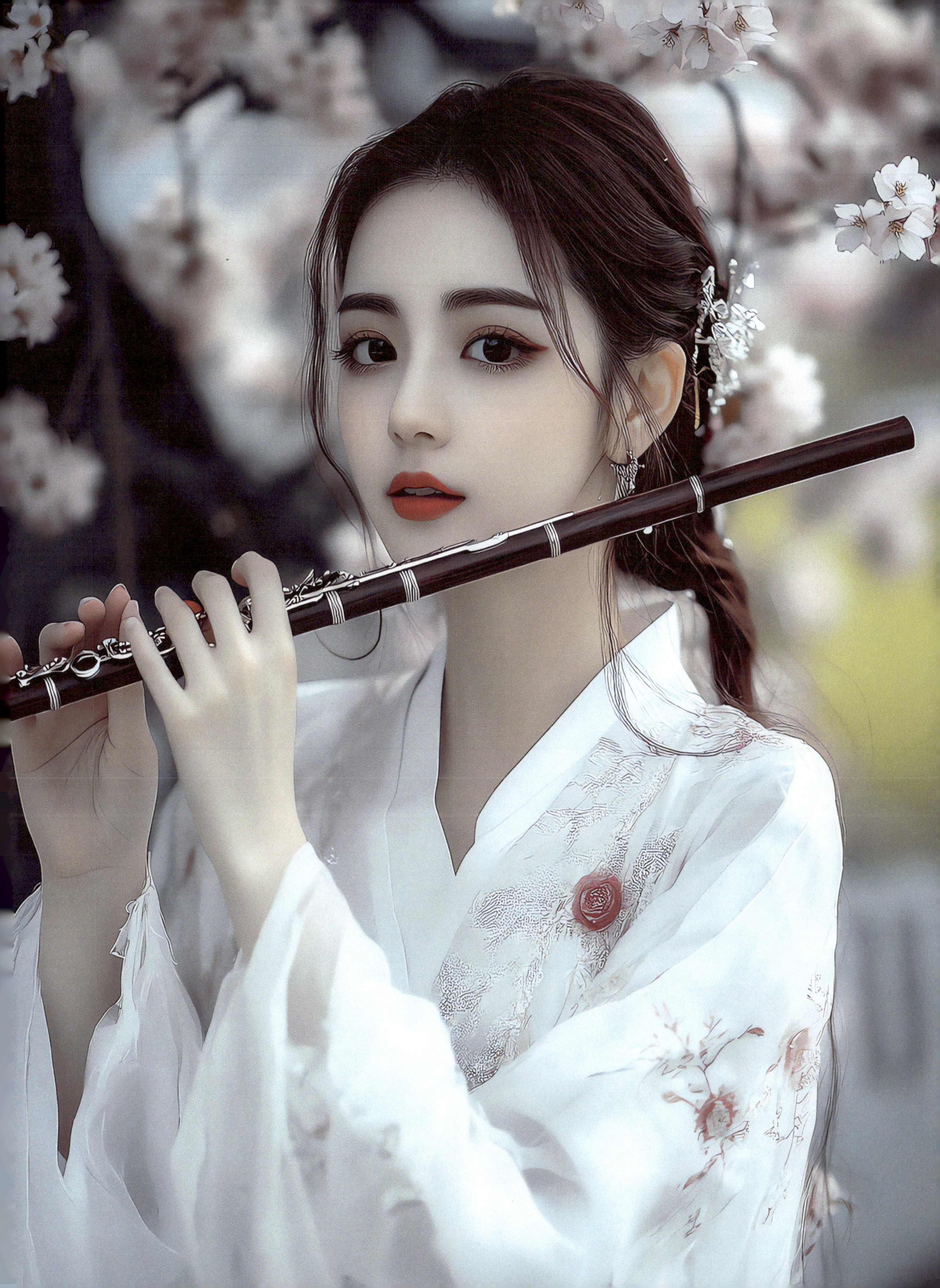

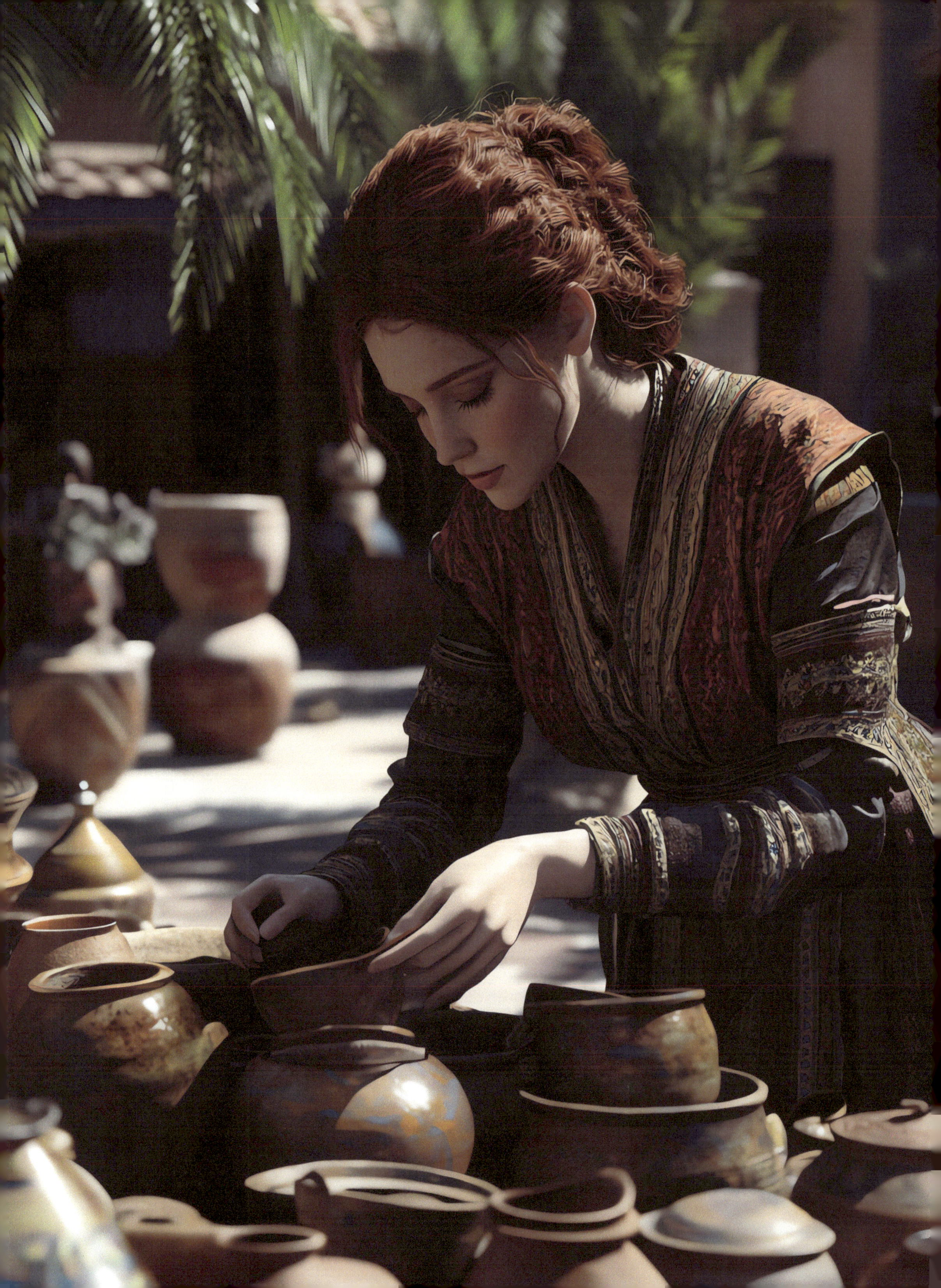

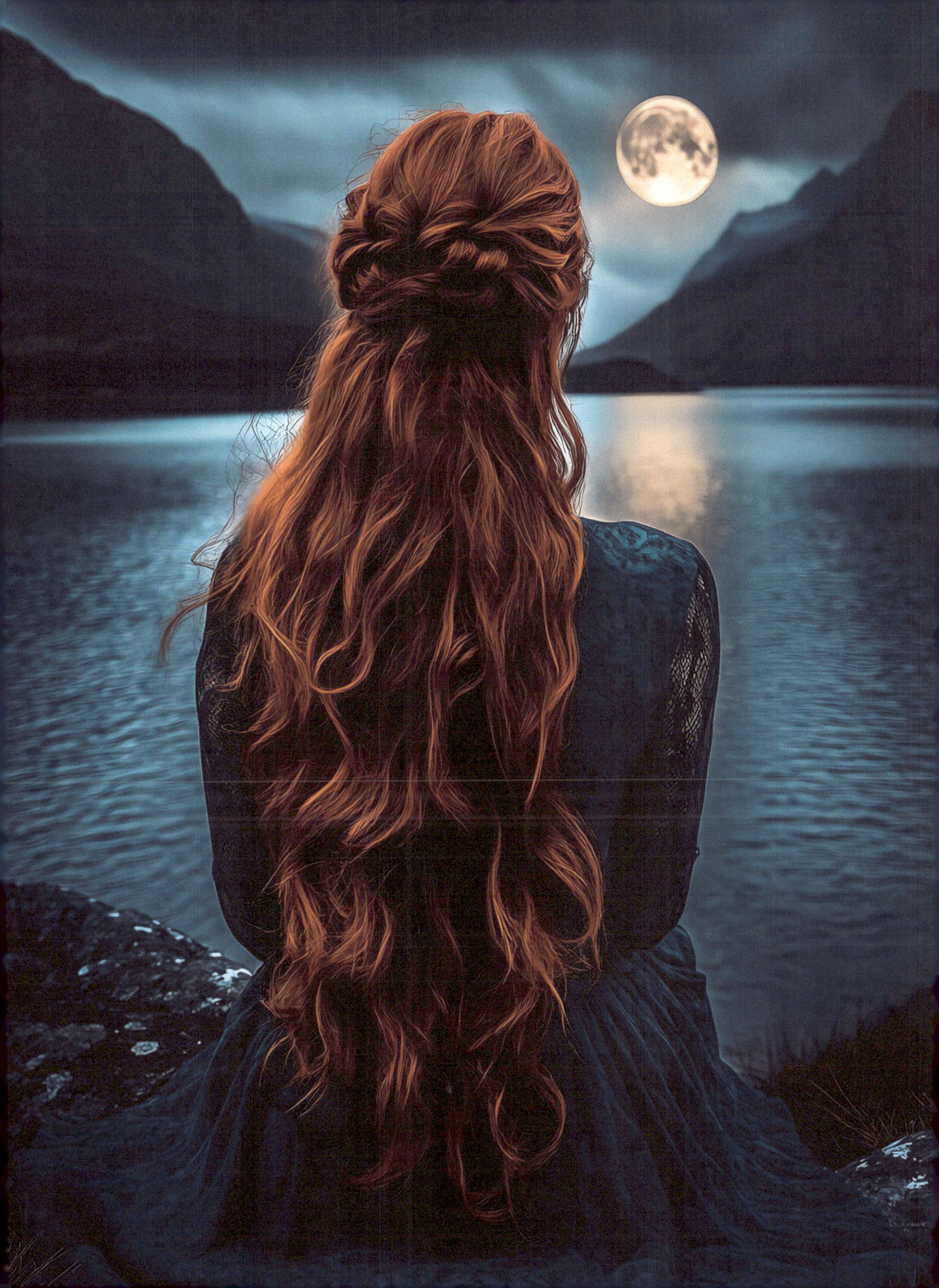

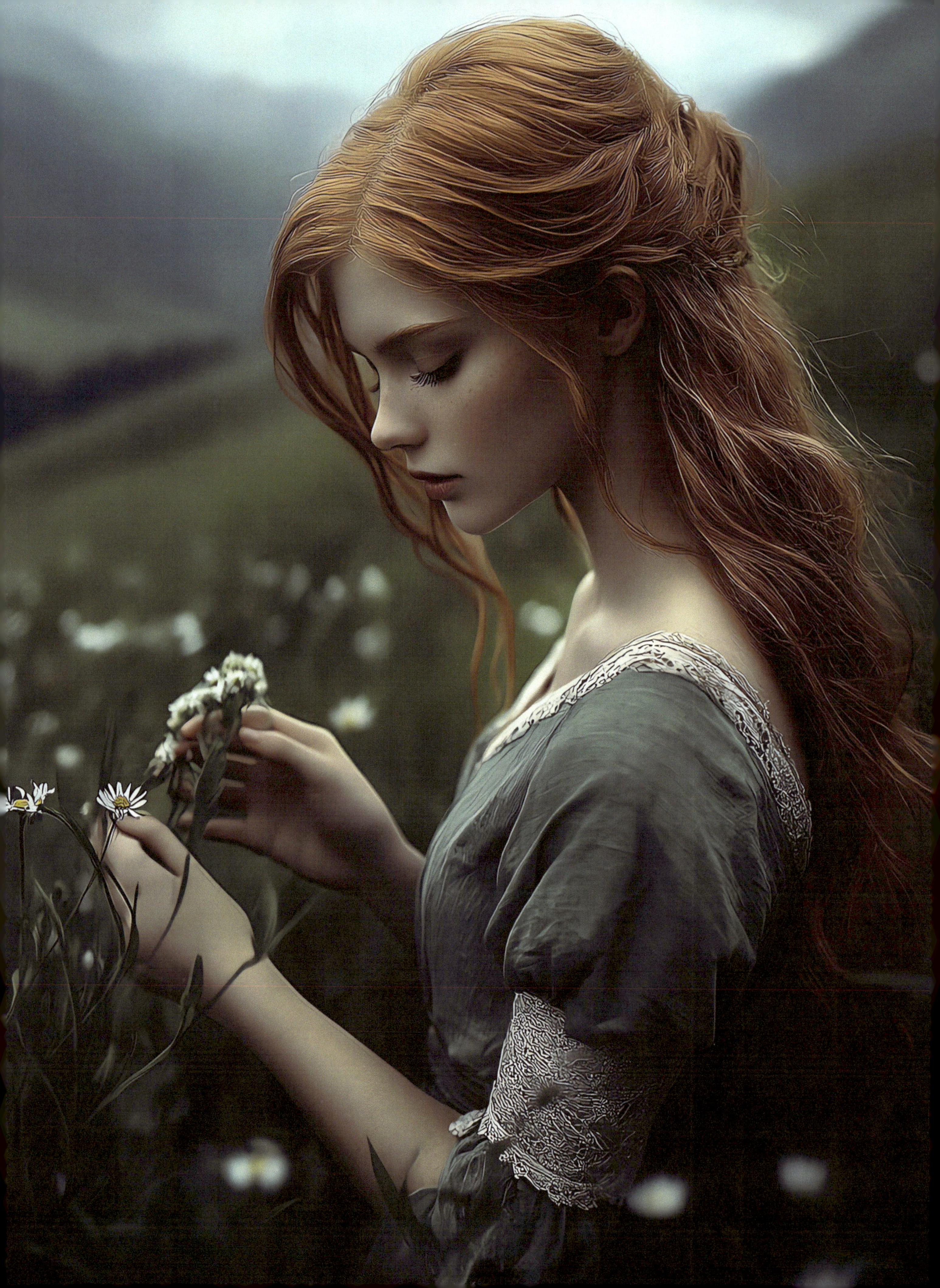

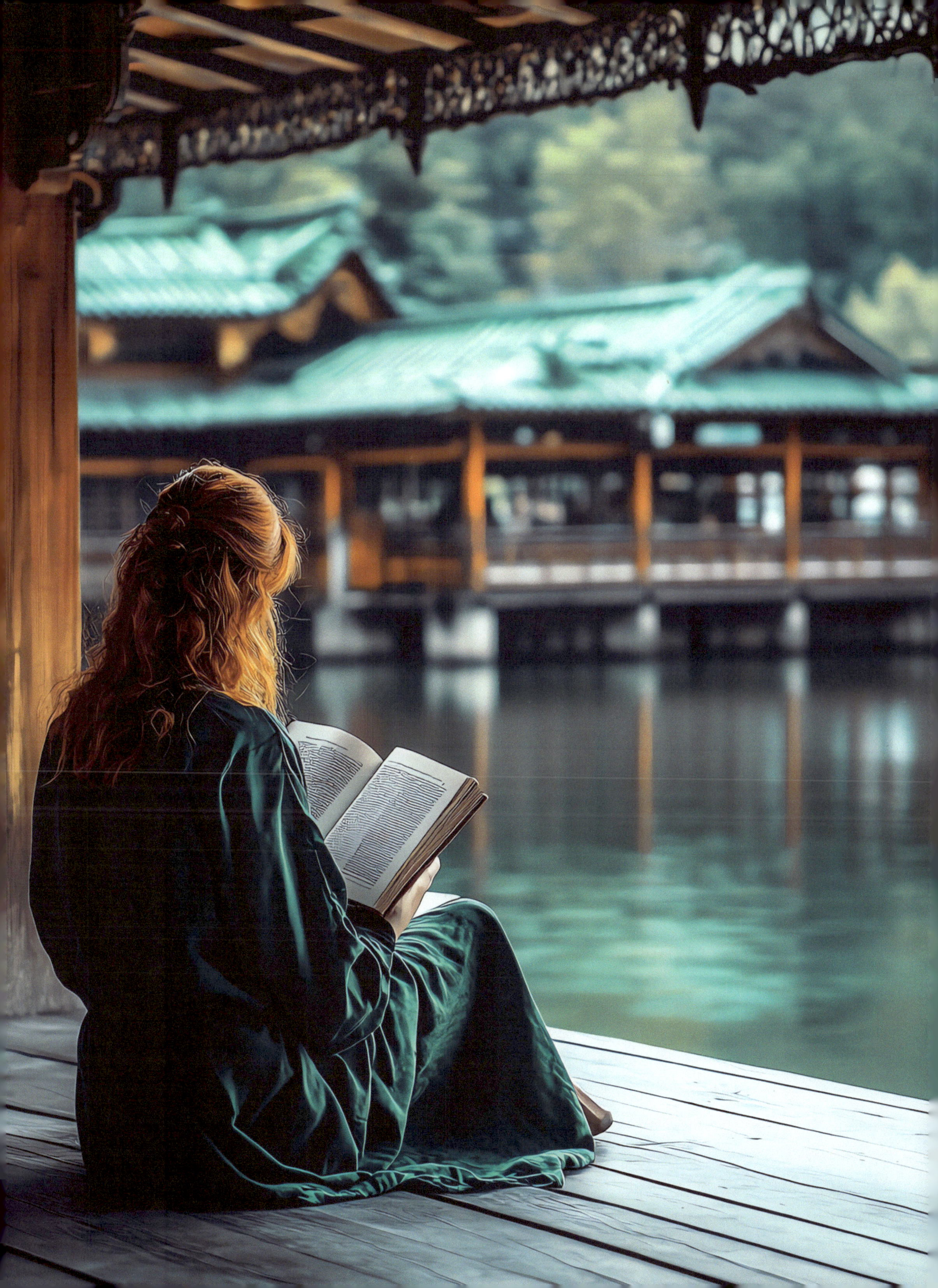

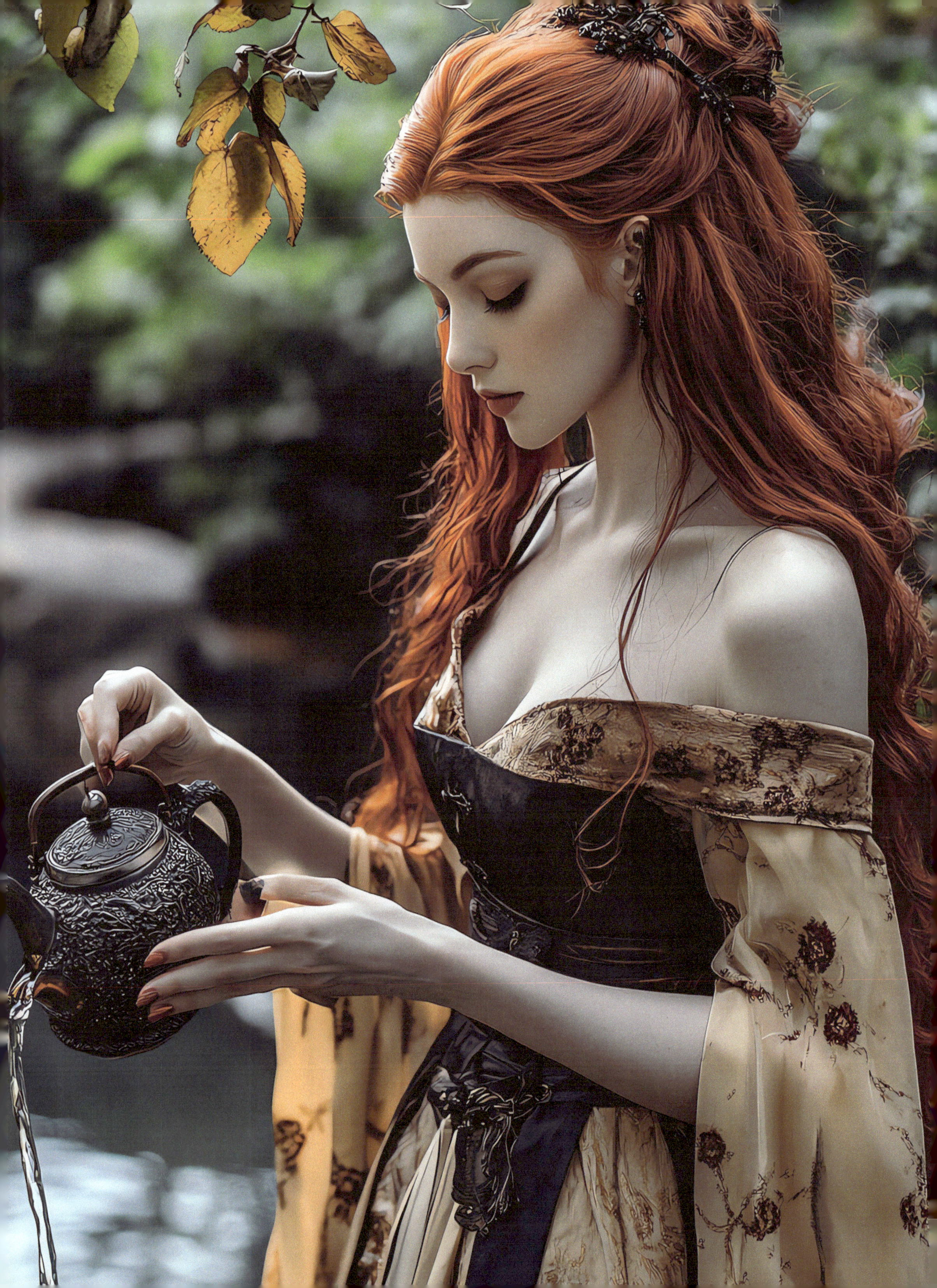

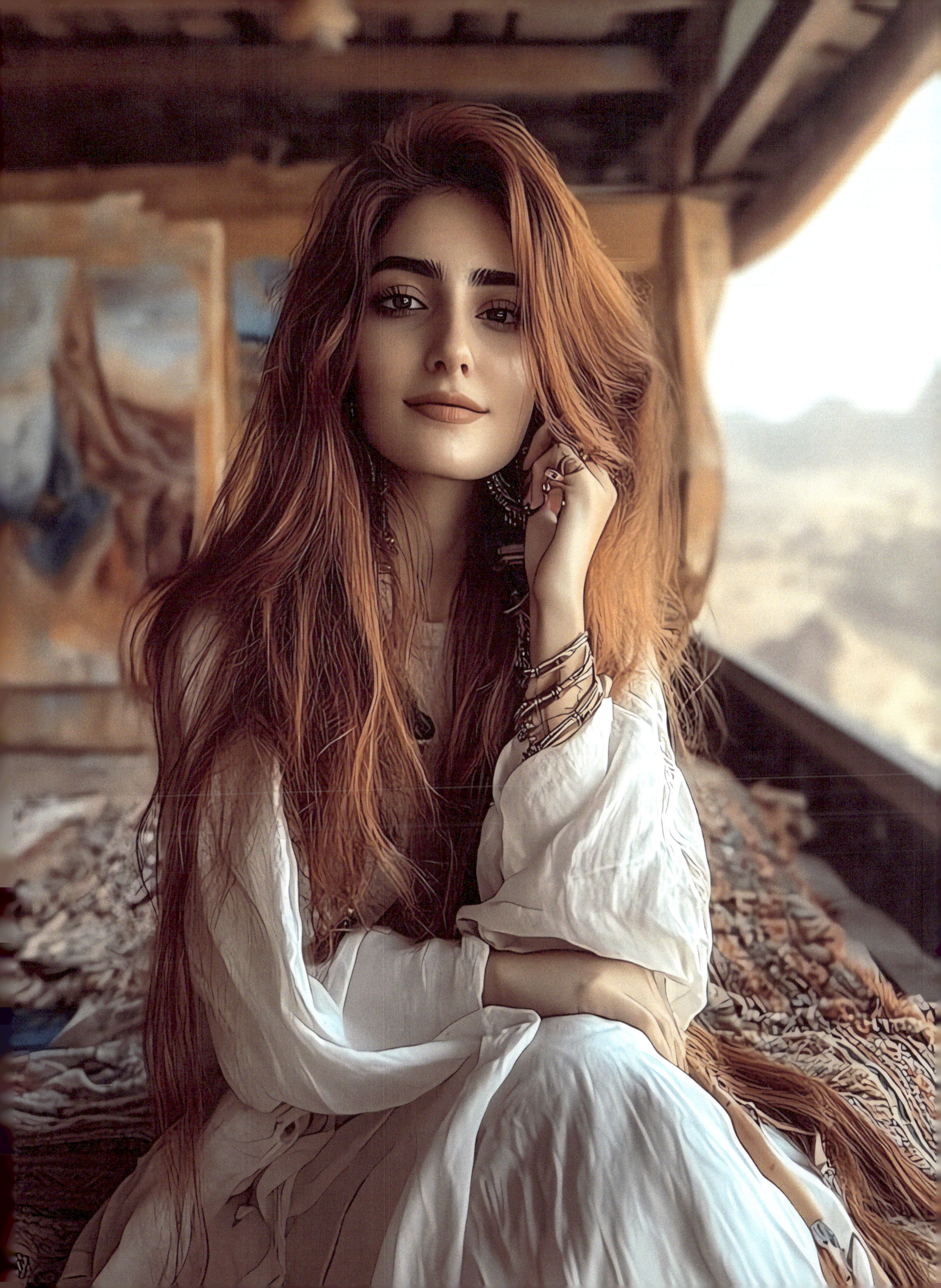

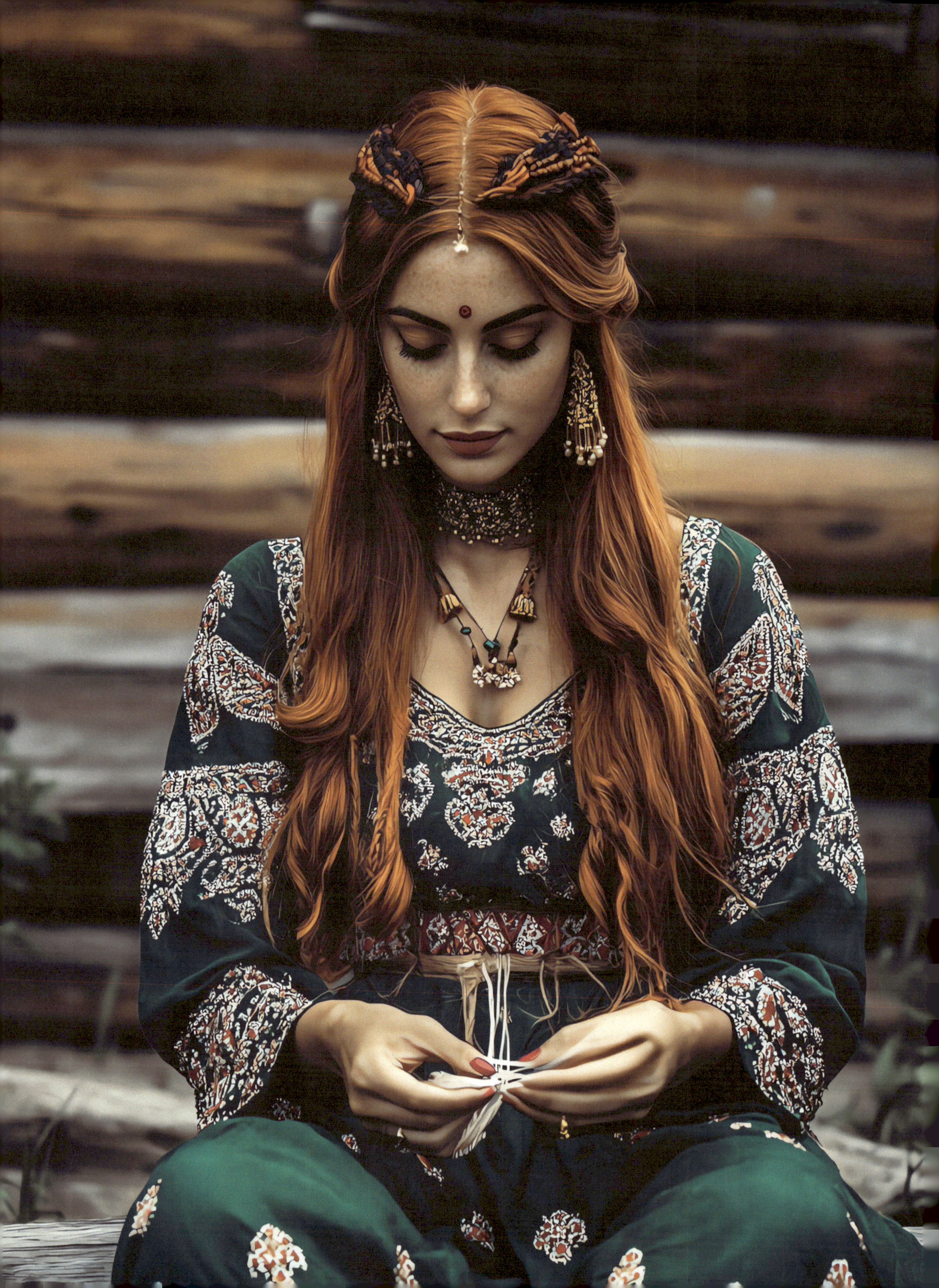

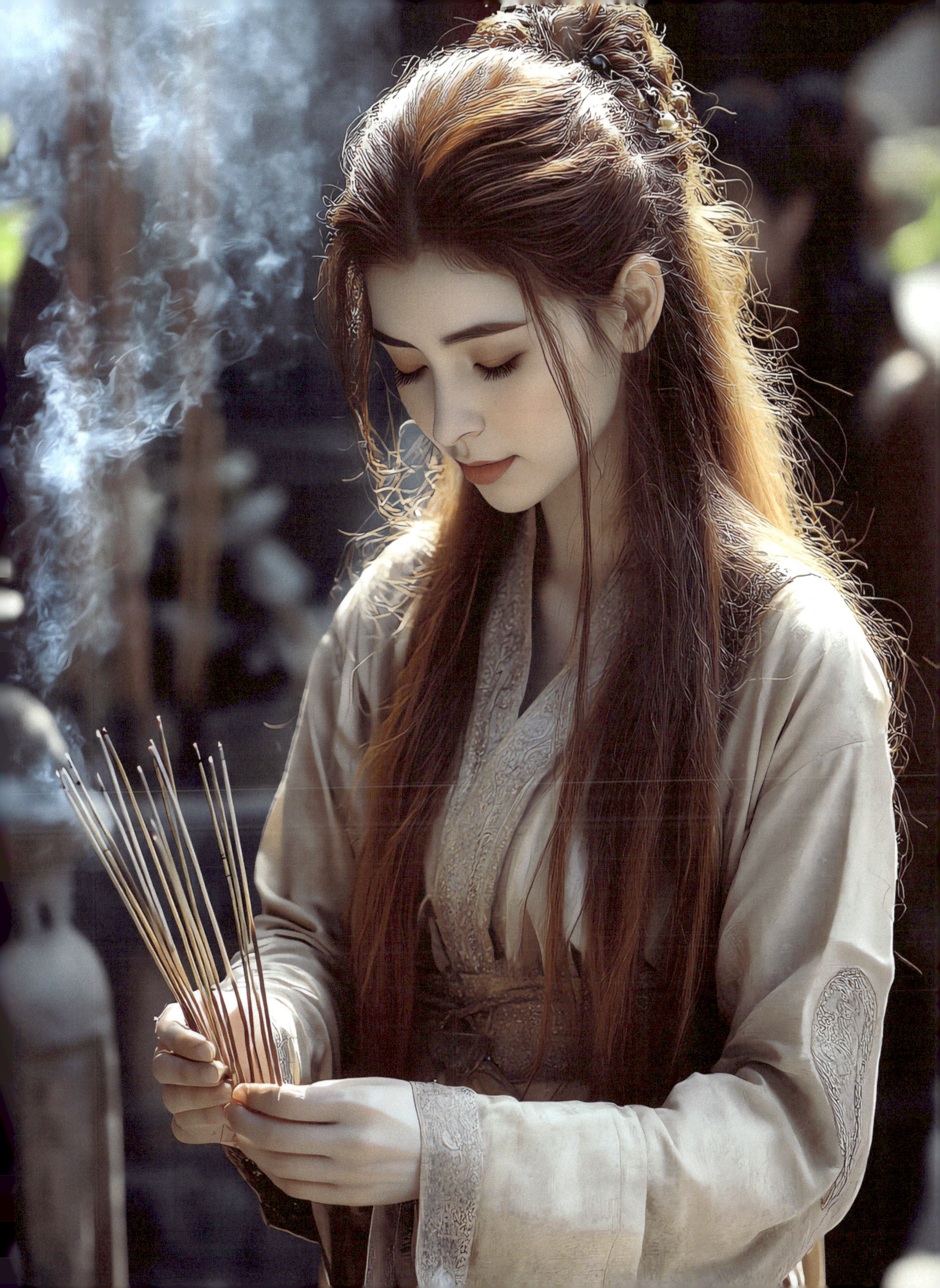

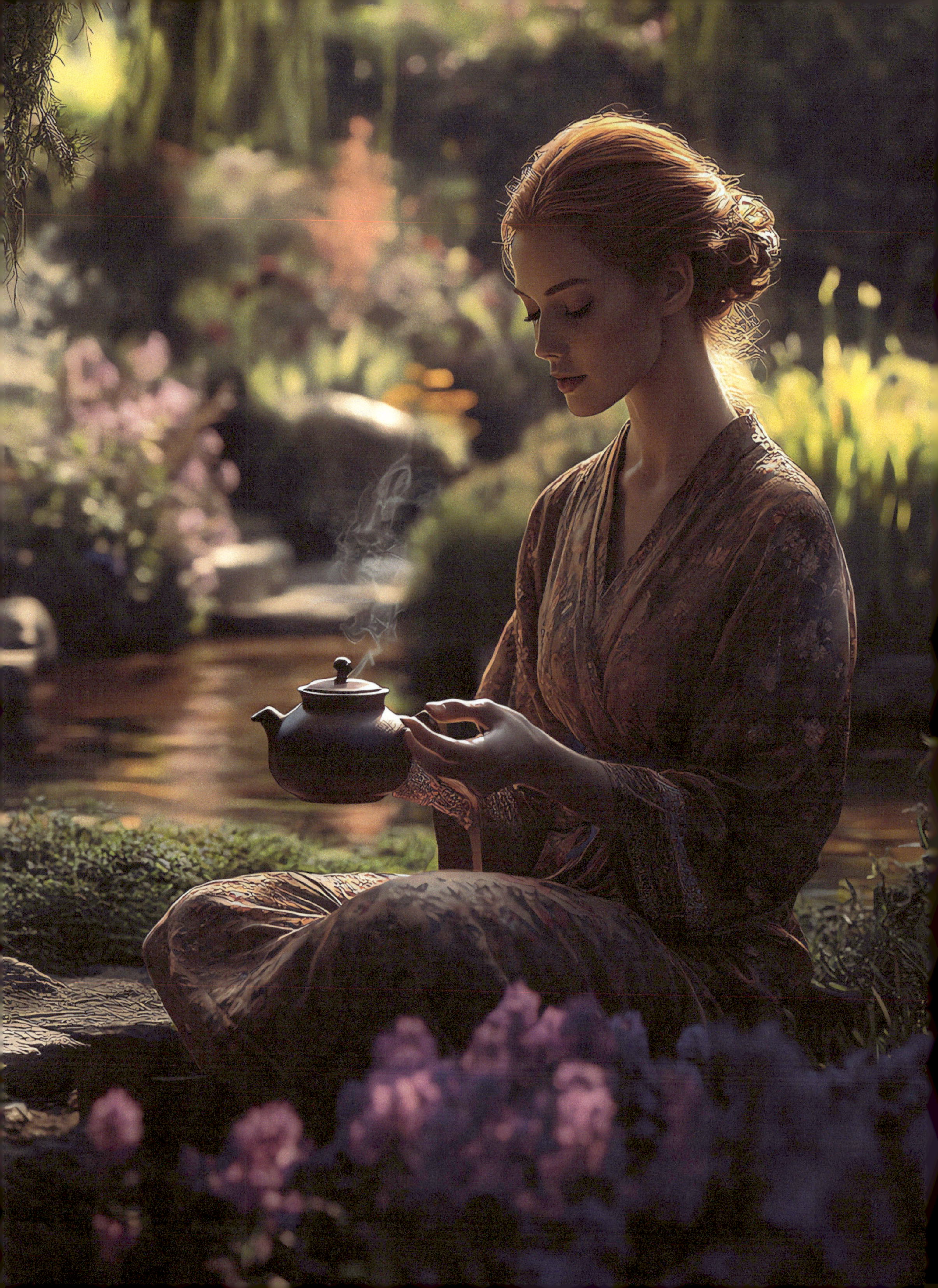

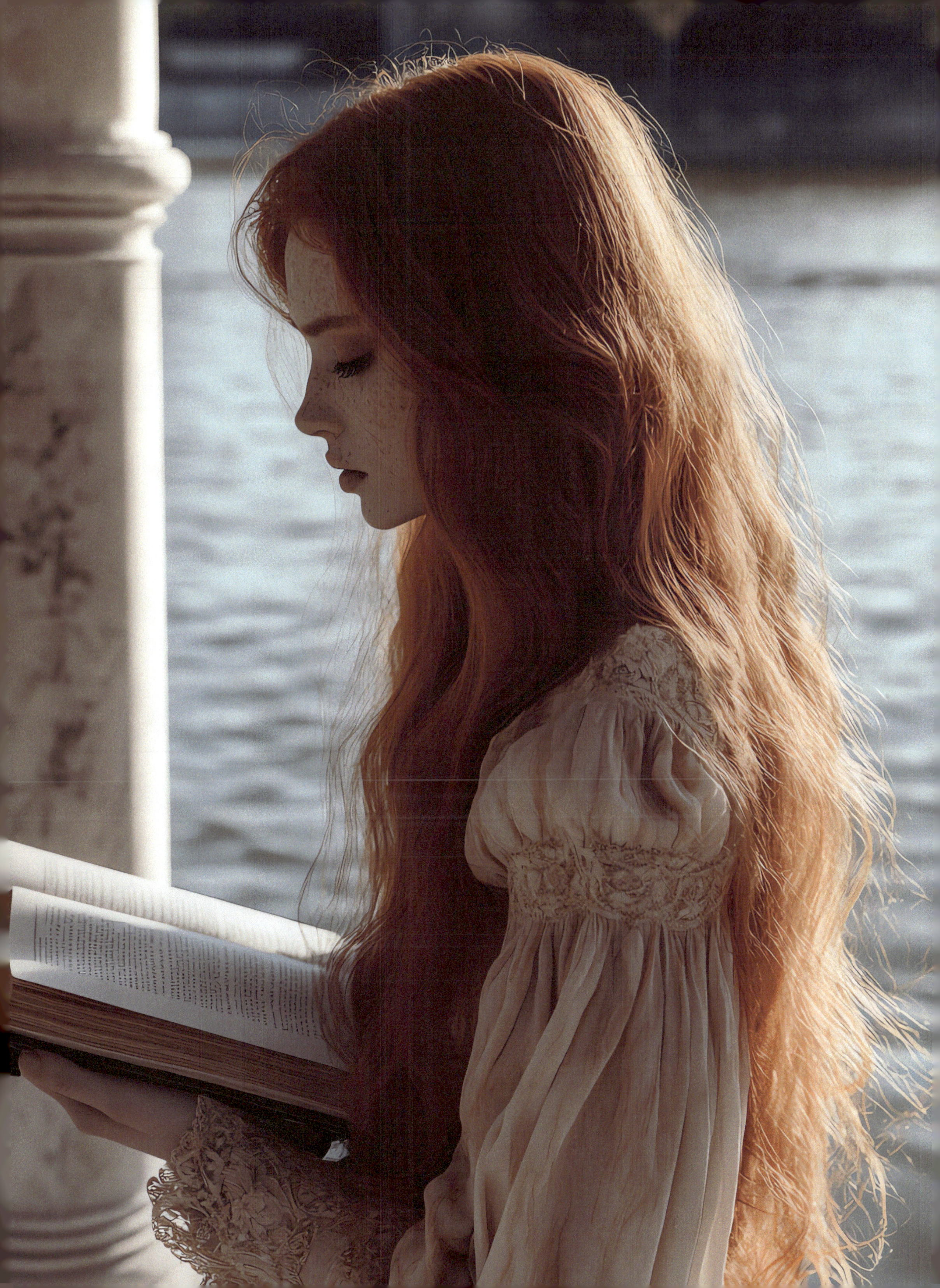

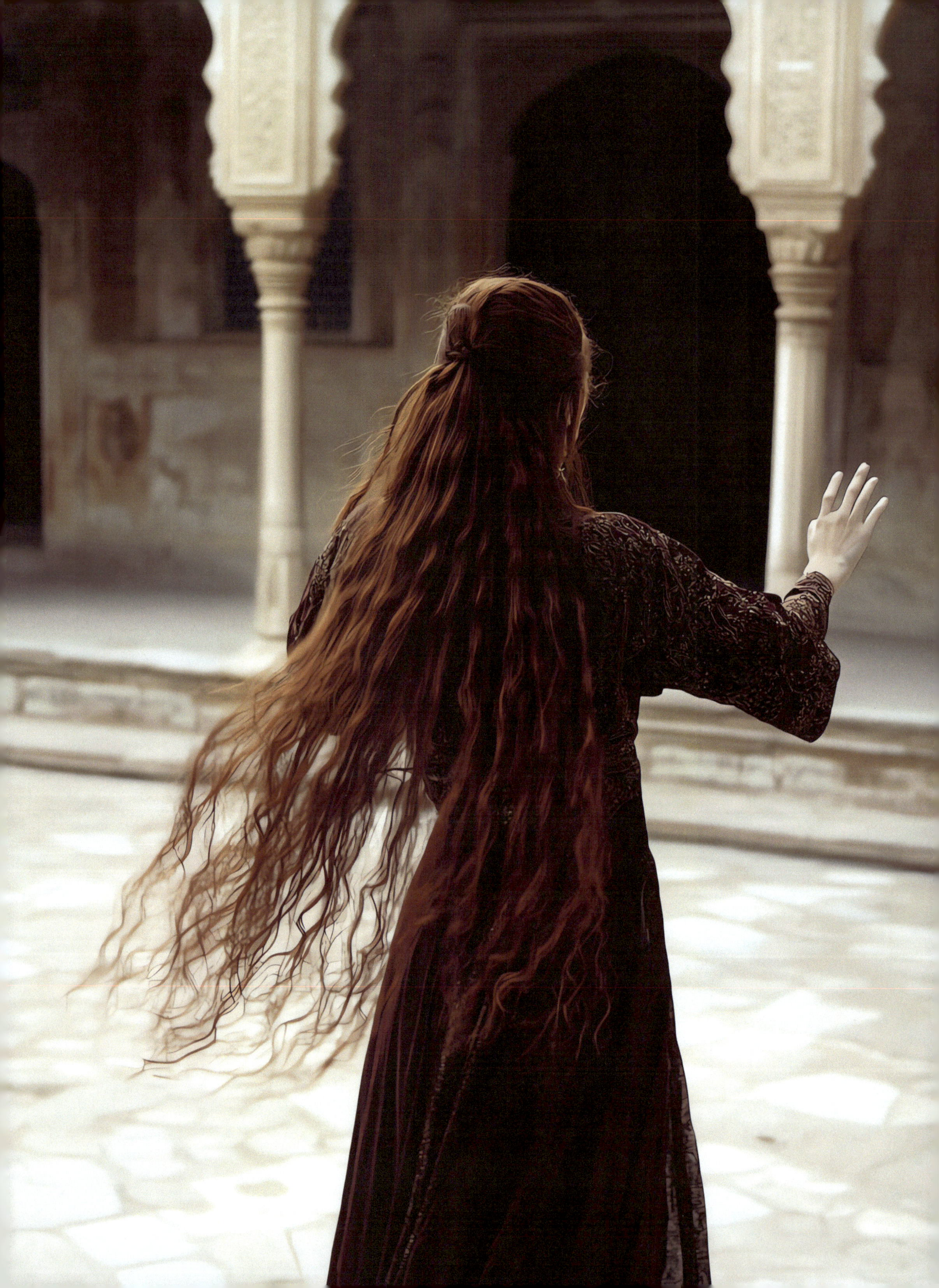